저자 소개

★ 기획 김민형 ★

영국 에든버러 국제수리과학연구소장이자 에든버러대학교 수리과학 석좌 교수이며, 한국고등과학원 석학 교수입니다. 한국인 최초로 옥스퍼드대학교에서 수학과 교수를, 워릭대학교에서 세계 최초로 '수학 대중화' 석좌 교수를 지냈습니다. 해마다 웅진재단 수학영재 멘토링프로그램에서 강의하고 있으며, 웅진씽크빅 자문을 하고 있습니다. 지은 책으로 《수학이 필요한 순간》 《어서 오세요, 이야기 수학 클럽에》 《삶이라는 우주를 건너는 너에게》 등이 있습니다.

★ 글 김태호 ★

동화 〈기다려!〉로 제5회 창비어린이 신인문학상을 받으며 작품 활동을 시작했습니다. 단편동화집 《제후의 선택》으로 제17회 문학동네어린이문학상 대상, 동화 〈산을 옮는 비틀거인〉으로 제7회 열린아동문학상을 받았습니다. 그림책 《아빠 놀이터》 《엉덩이 학교》를 쓰고 그렸고, 청소년 소설 《별을 지키는 아이들》 《일 퍼센트》 등을 썼습니다.

★ 그림 홍승우 ★

홍익대학교 시각디자인과를 졸업하고, 가족의 일상을 따뜻한 시선으로 그린 만화 《비빔툰》으로 만화 활동을 시작했습니다. 《다운이 가족의 생생 탐사》를 시작으로, 오랜 꿈이었던 어린이 과학 학습 만화를 여러 편 그려 왔습니다. 어려워 보이는 과학을 쉽고 재미있는 만화로 전달하는 것을 좋아한답니다. 그린 책으로 《올드》 〈초등학생을 위한 양자역학〉(전 5권) 〈소년 파브르의 곤충모험기〉(전 3권) 〈수학영웅 피코〉(1, 2권) 〈빅뱅스쿨〉(전 9권) 등이 있습니다.

초등학생을 위한 이야기 수학

김민형 교수의 수학 추리 탐험대

❷ 수와 세상: 아빠의 뇌에 접속하라

기획 김민형
글 김태호
그림 홍승우

북그라운드

"수학도 이야기가 될 수 있을까?"

제가 수학자의 길에 들어선 것도 어느새 수십 년이 되었습니다. 그동안 저는 사람들이 수학과 친해지길 바라는 마음에 수학을 대중화하는 활동과 강연에 많은 시간을 쏟아 왔습니다. 강연에서 만난 사람들이 "수학이란 무엇인가요?"라고 물으면 "세상을 정밀하게 이해하게 도와주는 도구입니다."라고 답하곤 했죠. 그렇게 대답하다 보니 세상의 기초를 이해하는 데 도움이 된다는 점에서 수학과 문학이 공통점이 있다는 생각이 들었습니다. 그러다 '수학도 이야기가 될 수 있을까?' 하는 질문을 떠올리게 되었지요.

이 질문의 답을 구하기 위해 저는 2023년 에든버러 국제수리과학연구소에서 '수학은 이야기인가?'라는 주제로 대담회를 열었습니다. 세계 최고의 수학자, 철학자, 문학가 세 명이 강단에 올랐고 관중들의 적극적인 참여 속에 열띤 토론이 이어졌지요. 하지만 만족할 만한 답을 찾아내지는 못했어요. 어쩌면 애초에 결론을 내리기 불가능한 주제였는지도 모릅니다.

사실 수학을 하나의 이야기라고 했을 때 문학과는 분명히 차이가 나는 지점이 있습니다. 좋은 소설은 배경지식이 없다고 해서 아예 이해가 안 된다거나 의미가 모호해지는 경우가 드뭅니다. 상식과 지식을 어느 정도 갖추고 있으면 소설이 품고 있는 문화적 전통을 소화할 수 있고 읽는 즐거움도 느낄 수 있지요.

그러나 수학은 수천 년 역사 중 어느 한 시대의 수학적 발견과 그 언어를 제대로 흡수하지 못하면 그다음을 전혀 이해할 수가 없습니다. 이렇듯 앞뒤 줄거리의 미세한 부분 부분이 무수한 가닥으로 연결된 복잡한 구조는 수학을 이야기로 즐기기 어렵게 하죠.

그렇지만 문학과 수학에는 공통점도 있습니다. 수학의 이야기나무 역시 어느 시기에 가장 뛰어나다고 평가된 수학적 발견에 힘입어 새로운 실가지를 뻗어 나가고 어린 이파리들을 피워 내거든요. 즉, 수학과 문학이라는 나무는 '이야기'라는 공통의 뿌리를 지닌 셈입니다.

이런 생각을 이어 가다가 수학을 소설 형식에 담아내고 싶다는 생각에 이르렀습니다. 수학과 문학에 공통으로 스며 있는 이야기의 힘을 확인해 보고 싶었던 거죠. 재미도 있고 수학적 깊이도 있으면서 문학적 가치가 있는 작품을 꽤 오랫동안 찾아보았어요. 이미 세계 여러 곳에서 그런 시도가 있었던 터라 널리 알려진 수학 이야기들을 어렵지 않게 만날 수 있었습니다.

재미뿐 아니라 상상력을 자극하는 이야기를 기대했는데 대부분 조금씩 아쉬웠어요. 어린이를 대상으로 한 책들은 코믹성이나 판에 박힌 모험담 아니면 윤리관을 강조하는 이야기가 적지 않더라고요. 이 아쉬움을 풀기 위해서는 이야기를 직접 만들어야겠다는 생각이 들었습니다. 욕심이 앞선 나머지 얼마나 무모한 생각인지도 모르고 도전에 나섰습니다. 그러면서 피해야 할 기준 세 가지를 세웠습니다.

첫째, 수학의 '재미'에만 집중하는 것은 피하자. 사람들은 대부분 수학을 재미없어합니다. 그래서 일단 '수학은 재미있다.'라고 흥미를 끈 다음, 독자를 깊이 있는 수학 이론으로 이끄는 작전을 세우곤 하는데, 이것이 꽤 잘 먹히기는 해요. 그러나 이런 작전은 수학의 기초 개념을 전달하는 데는 효과가 있어도 계속 좋아하게 하는 데는 한계가 있습니다.

둘째, '수학자들의 멋있는 말만 나열하는' 겉멋에 빠지지 말자. 이런 전략은 대부분 사고의 진전에 도움이 되지 못하고 마치 이해한 것처럼 착각하게 이끌 우려가 있으니까요.

셋째, 수학을 그럴듯한 특수 효과로 사용하지 말자. 사실 뛰어난 문학 작품 중에도 수학을 다룬 이야기가 있습니다. 하지만 수학 개념과 이야기가 잘 어우러지지 않거나 수학을 단순히 하나의 소재로 활용한 수학 이야기라는 점에서 아쉬웠습니다.

이 책이 저의 깐깐한 기준을 만족시켰는지 궁금하다고요? 솔직히 몇 년에 걸쳐 이 책을 만들면서 정말 그런 수준에 이를 수 있을지 의심한 적이 많아요. 하지만 의미 있는 도전을 하려면 어떤 식으로든 다짐이 필요합니다. 최고의 대가들이 모였던 에든버러 대담회에서마저 결론을 찾기 힘들었던 문제인 만큼 불가능에 가까운 시도일지 모르지만, 제가 어릴 적에 읽고 싶었던, 그리고 아이들이 자라면서 읽게끔 하고 싶은 수학 이야기를 만들고 싶었습니다.

분에 넘치는 포부는 때로 일을 시작하기 어렵게 합니다. 불만족스럽다는 생각을 내보이면 "그렇다면 네가 한번 해 봐."라는 핀잔을 듣게 되고, 깐깐한 잣대에 비해 터무니없는 나의 실력이 탄로나는 걸 감수해야 하죠. 그런 불안을 껴안고도 이 작업을 해 나갈 수 있었던 것은 혼자 만드는 책이 아니었기 때문입니다. 동화 전문가 김태호 작가, 학습 만화의 대가 홍승우 작가, 심리학을 전공한 SF 고수 김명철 박사, 콘셉트 아티스트 박지윤 작가, 공간 디자이너 강푸름 씨 그리고 서금선, 이은지, 최지은 편집자가 모여 드림

팀을 만들었지요.

  사용하는 언어와 겪었던 경험이 서로 다른 사람들이 하나의 목표를 향해 나아가는 과정은 흥미로운 무질서가 들끓는 용광로와 같아요. 수학뿐만 아니라 다양한 텍스트와 그림, 역사와 미래, 가족과 친구, 선과 악, 삶과 죽음까지 인간의 관심사 전반에 걸쳐 토론하고 논의했답니다. 저의 서투른 사고를 보완하는 크고 작은 제안들이 끊임없이 쏟아졌고, 불쑥 튀어나온 아이디어가 예상을 뛰어넘는 장면으로 펼쳐질 때 탄성을 내지르기도 했어요. 이 작품의 가장 멋진 페이지들은 오롯이 동료들의 탁월한 능력과 팀워크가 빚어낸 성과입니다. '이야기'라고 하면 글보다는 말로 직접 전해야 한다는 느낌도 들지만, 책으로 만드니 여러 사람의 도움을 받을 수 있어서 정말 좋았습니다.

  이들의 수고가 헛되지 않도록 저 역시 나름대로 애쓰고 있어요. 제가 이 책에 기여할 수 있는 부분은 주로 수학 이야기일 터이니 여러 해 동안 수학 대중화 활동을 하면서 아이들과 이야기한 경험을 살리려고 노력했습니다. 그리고 아빠와 아이들의 관계를 묘사할 때는 결국 우리 가족 이야기를 어느 정도 반영하지 않을 수 없었어요. 이전에 제가 큰아들한테 보낸 편지가 토대가 되어, 이 동화에도 아빠의 편지를 넣게 되었습니다. 만약 나에게 딸이 있다면 어떤 편지를 썼을까 생각하니 상상력이 신나게 뻗어 나갔답니다. 전에 썼던 편지들 이후에 축적된 과학, 문학, 세상 이야기를 상상의 딸들에게 풀어낼 멋진 기회잖아요.

재밌고 의미 있는 문학 작품에 수학을 녹여 내는 일이 얼마나 어렵고 먼 길인지 깊이 느끼는 시간이었습니다. 그렇게 4년여의 시간 동안 복잡하고 어려운 담금질을 견뎌 낸 노력의 산물이 한 권씩 완성되어 가는 게 꿈만 같아요. 이 결과물에 어떤 판단을 내릴지는 부모님이나 선생님이 아닌 어린 독자들에게 맡기려 합니다.

자, 그럼 저와 함께 수학의 세계로 탐험을 떠나 볼까요?

2024년 6월 영국 에든버러에서

김민형

 차례

시작하며 * 4
등장인물 소개 * 12

제1화 **아빠에게 가는 길** * 16
아빠의 편지 7 우리만의 암호를 만들 수 있을까 * 38

제2화 **기억의 나무를 쓰러뜨리려는 곰팡쥐들** * 40
아빠의 편지 8 생명의 나무는 몇 번의 분할로 만들어졌을까 * 70

제3화 **아빠가 사라진 위치는 어디?** * 74
아빠의 편지 9 인공 지능이 발전하면 수학자는 할 일이 없어질까 * 88

| 제 4 화 | **지키려는 편, 없애려는 편** * 90 |
| | 아빠의 편지 10 소리로 덧셈을 할 수 있을까 * 120 |

| 제 5 화 | **브레인 월드의 비밀번호** * 124 |
| | 아빠의 편지 11 숫자 마술의 비밀 * 146 |

| 제 6 화 | **단서는 바로 쌍둥이** * 150 |
| | 아빠의 편지 12 쌍둥이 소수의 숨겨진 이야기 * 178 |

만든 사람들 * 182

등장인물 소개

방금 그건 뭐였…지?

이민형 42세

수학자이자 수인이와 제인의 아빠

미래를 예측할 수 있는 새로운 양자 컴퓨터를 개발하기 위해 영국 런던에 머무르고 있다. 몇 번의 시행착오 끝에 시뮬레이션에 성공하지만, 어느 날 실종된다.

메런 리 40세

전자 물리학자이자 이민형 박사의 아내

미국 항공우주국(NASA)의 '우주 빗자루 프로젝트' 사령관이다. 우주를 청소하기 위해 달 궤도에 설치된 국제 우주 정거장에서 지내고 있다.

안녕~, 얘들아~!

너, 딩가딩거 맞지?

이수인 12세

이민형, 메건 리 부부의 **쌍둥이 딸**(언니)

바이올리니스트가 꿈인 소녀. 말수가 적고 차분하며 시와 음악 등 예술적 감수성이 아주 뛰어나다. 아빠처럼 수학으로 세상을 바라보고 이해하려고 노력한다.

이제인 12세

이민형, 메건 리 부부의 **쌍둥이 딸**(동생)

청각 장애가 있어서 보청기를 착용한다. 축구 선수가 꿈이며, 독서나 예술보다는 바깥에서 자연을 탐구하며 뛰어노는 것을 좋아한다. 아빠는 잘 듣지 못하는 제인을 위해 세상을 소리로 보는 방법을 알려 준다.

이건 뭐야?

그만!

고영지 70세

이민형 박사의 어머니

초등학교 교사직을 은퇴한 후 쌍둥이를 돌보고 있다. 문학과 예술을 사랑하며, 건강을 위해 취미 삼아 마라톤을 한다. '영지 씨'로 불리는 걸 좋아한다.

딩가딩거

아빠가 길에서 만난 턱시도 고양이

아빠의 머릿속 세계를 안내한다.

딩가르, 딩거르~

이웃사촌이랍니다

해리 오스틴 64세

시인이자 이민형 박사의 스승

이민형 박사와 문학적 교감을 나누는 친구이자 이웃사촌이다. 교수직에서 은퇴한 후 시와 평전을 쓰고 있다. 이 박사의 가족을 적극적으로 돕는다.

잭슨 오스틴 27세

해리 오스틴 교수의 조카

해리와 함께 살고 있는 록 뮤지션. 현재는 이민형 박사의 양자 컴퓨터 연구를 돕기 위해 대학원에서 컴퓨터 수학 박사 과정을 공부하고 있다.

첸 위 45세

브레인 콘택트 연구소 소장

이민형 박사와 함께 영국의 대학교에서 수학을 전공했으며, 현재는 뇌와 양자 컴퓨터 인터페이스를 개발하는 신경 과학자로 활동하고 있다.

이 박사가 무슨 일을 해 왔는지 궁금하셨죠?

제1화

아빠에게 가는 길

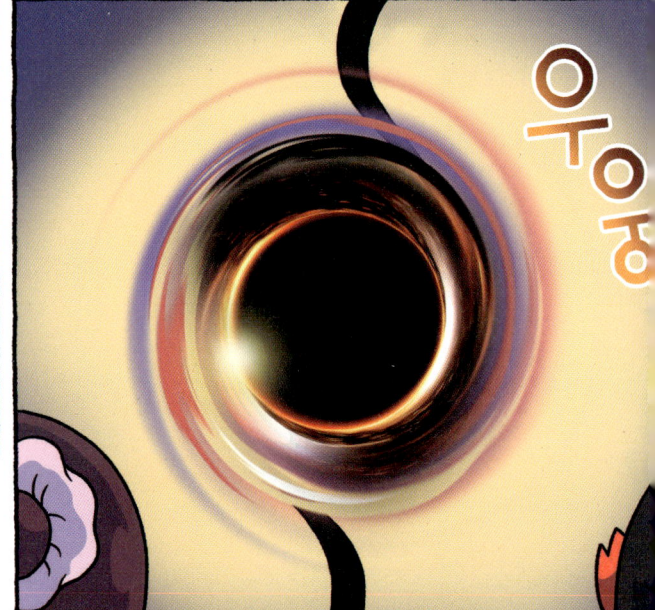

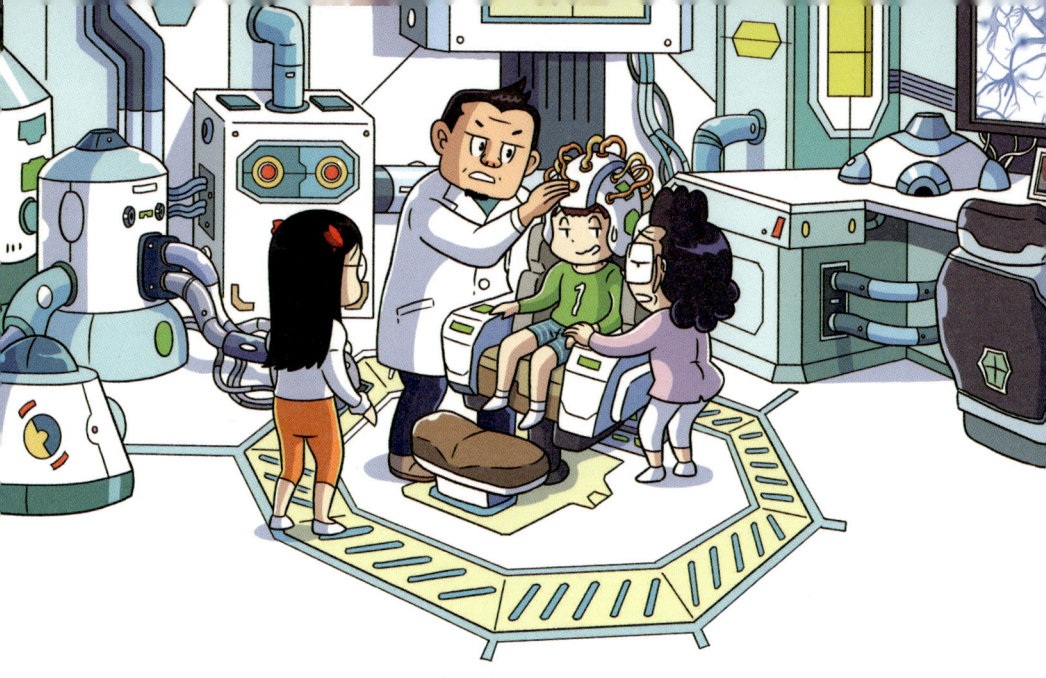

늦은 오후, 영지 씨와 쌍둥이는 첸 박사와 함께 연구소로 갔다. 두 번째 '브레인 콘택트'는 제인이 시도해 보기로 했다.
"뭘 찾으면 되나요?"
"넌 그냥 보고 듣고 느끼면 돼. 아빠의 뇌 신호가 어떤 의미인지는 네가 경험한 데이터를 통해 하나씩 해석할 거니까."
첸 박사는 제인의 어깨를 도닥여 주었다.
먼저 다녀온 수인이 말해 준 아빠의 뇌 속은 이해할 수 없는 일로 가득했다. 제인은 조금 두렵기도 했지만, 무엇보다 아빠를 만날지도 모른다는 생각에 가슴이 두근거렸다.
"첸 박사님, 어서 가요!"

제인은 달리기 출발선에라도 선 것처럼 팔을 가슴께로 들어 올려 불끈 주먹을 쥐었다.

"제인, 긴장을 풀어야 자연스럽게 연결된단다."

첸 박사 말에 제인은 애써 웃음을 지어 보였다. 수인은 제인의 밝은 표정 뒤에 감추어진 두려움이 느껴졌다. 처음 겪는 일에도 늘 당당하던 제인의 평소 모습과 사뭇 달랐다. 영지 씨와 수인도 덩달아 긴장되어 서로의 손을 꽉 잡았다.

첸 박사가 제인의 표정을 살피고는 접속 스위치를 올렸다. 그러자 제인의 눈이 천천히 감기기 시작했다. 이내 얼굴이 멍해지며 어렴풋이 잠든 것 같은 상태가 되었다.

"아빠 나이는 42······. 그리고 흰색 타일과 검은색 타일이 각각 여섯 개······. 여섯 자릿수를 뜻하나······? 아! 그렇네!"
제인은 알 것 같았다.
"바로 수인이와 나!"
지하 음악실 비밀번호를 풀 때 썼던 이진법이 떠올랐다. 제인은 손가락 다섯 개를 접어서 셀 수 있는 수가 31까지라는 걸 알고 있었다. 그렇다면 42는 어떻게 세어야 할까?

42를 반으로 나눈 21을 손가락 수로 세어 보니 10101이었다. 손가락을 하나씩 구부리려니 모양이 부자연스러웠지만 숫자가 보인다는 게 신기했다. 10101을 두 번 더하면 42의 손가락 숫자가 된다.

아빠의 나이 42는 손가락 숫자로 '101010'이었다.

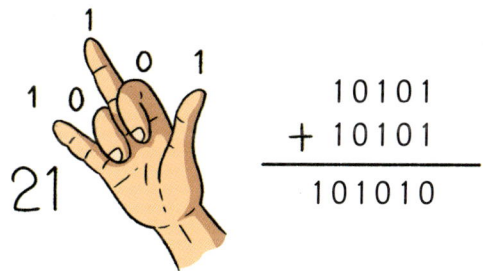

"검은색은 나를 뜻하는 1, 흰색은 수인의 0, 그러면 101010은?"
제인은 흰색, 검은색 타일을 번갈아 가며 디뎠다. 그러고는 마지막 타일에 이르자 자신 있게 문으로 뛰어들었다.

우리만의 암호를 만들 수 있을까

0과

너희, 모스 부호 기억하니? 점과 선을 이용해 CAT을 ─·─·─·─ ─ 이라고 쓸 수 있는 부호 말이야. 제인이가 이걸 이용해서 비밀 암호를 만들어야겠다고 답장을 보내 준 기억이 나네. 많은 사람이 사용하는 모스 부호처럼 우리도 규칙과 약속을 통해 우리 가족만의 암호를 만들 수 있단다.

3, 1, 20

이 숫자들이 무엇을 의미하는지 알겠니? 모스 부호를 사용했던 것과 같이 CAT을 쓴 거란다. C는 세 번째, A는 첫 번째, T는 스무 번째 알파벳이라는 것을 뜻하는 암호야. 알파벳의 순서를 가지고 문자 대신 사용한 거지. 이처럼 우리는 원하는 단어를 모스 부호 말고 숫자로도 쓸 수 있단다.

모스 부호의 점(·)과 선(─) 대신 하트(♥)와 별(★)을 사용해 CAT을 ★♥★♥♥★★ 이렇게 쓸 수도 있겠지? 추리 소설에서 자주 등장하는 암호는 알파벳이나 우리말 자음과 모음의 순서를 활용해 단어 대신 숫자로 단서를 써 놓기도 해. 사건의 중요한 단서가 되는 암호를 보고 숨겨진 규칙을 누구보다 빠르게 알아내는 것이 바로 명탐정의 자질이라고 할 수 있어.

아빠가 마지막으로 읽은 추리 소설은 중세 유럽의 수도원에서 벌어진 살인 사건을 다룬 《장미의 이름》이야. 이 소설의 주인공인 탐정은 다른 추리 소설과는 다르게 수도사란다. 윌리엄 오컴이라는 영국의 철학자이자 수도사를 모델로 삼았다고 해. '오컴의 면도날'이라는 개념으로 유명한 인물이지.

윌리엄 오컴

면도날로 사람들을 위협하는 악당이냐고? 하하, 그렇게 생각할 수도 있겠네. 오컴의 면도날이라는 개념은 과학자들도 많이 사용하고 있어. 같은 현상을 여러 가지 이론으로 설명할 수 있다면 그중 가장 간단한 것이 정답에 가깝다는 거야. 설명은 간단할수록 좋다는 뜻이지.

이 개념은 현대의 과학이 수학적으로 바뀌는 데 아주 중요한 작용을 했단다. 수학자인 아빠도 문제 해결을 위해 복잡한 공식을 빽빽하게 적어 놓지만, 가장 단순한 것이 진리일 것이라는 생각으로 정답을 찾고 있지. 많은 수학자와 과학자가 우주의 비밀을 풀기 위해 단순한 공식을 찾고 있는 것과 같단다.

그렇다면 우리도 우리만의 간단한 암호를 만들면 좋지 않을까? 이미 눈치 챘을까? 아빠와 엄마는 수인이와 제인이, 0과 1을 사용해 이미 암호를 정해 놓았단다. 어떤 문제가 닥친다면 수인이와 제인이가 아빠의 암호라는 것을 기억하렴.

1에게

P.S. 사실 오컴의 면도날이 항상 맞는 도구라고는 아빠도 자신 있게 말하기 어렵단다.

제 2 화

기억의 나무를 쓰러뜨리려는 곰팡쥐들

제인이 언덕을 오르는 동안 숲은 계속 커져만 갔다. 연녹색의 가느다란 줄기들은 빠르게 자라 뿌리를 뻗더니 진녹색의 잎이 무성한 나무들로 성장했다. 나무의 시간은 거기에서 멈추지 않았다. 잎사귀가 오색 빛으로 바뀌기 무섭게 연갈색 빛깔로 시들었다.

한 공간에서 새싹이 피어오르고, 낙엽이 바람에 흩날렸다. 숲은 사계절을 동시에 품어 밝음과 어둠이 뒤섞인 묘한 분위기를 만들어 냈다.

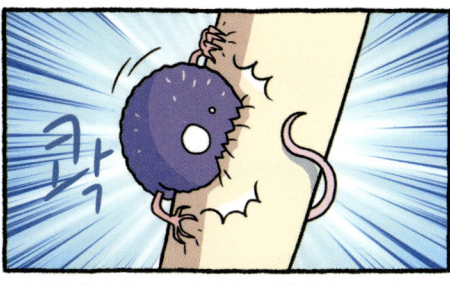

몰려오던 곰팡쥐들이 풀쩍 뛰어올라 제인의 몸 여기저기에 달라붙었다. 미끈거리고 끈적이는 기분 나쁜 촉감이었다. 물린 다리가 따끔거리고 아팠다. 제인은 집으로 내달리며 연신 곰팡쥐들을 털어 냈다. 턱까지 차오른 숨을 고르고 곰팡쥐들을 피해 간신히 현관문 앞에 도착했다.

"비밀번호가 뭐지?"

손잡이 위쪽에 잠금장치가 있었다. 제인이 몸에 붙은 곰팡쥐 하나를 떼어 바닥에 던지자 곰팡쥐는 두 개가 되고 네 개가 되었다. 순식간에 늘어난 곰팡쥐들은 끝도 없이 다시 달라붙었다.

"어떡하지?"

이제 달아날 곳도 없었다. 제인은 눈물이 날 것 같았다.

제인은 아무렇지 않은 듯 말했지만 오싹한 기분은 쉽게 가시지 않았다. 재빨리 몸 여기저기를 훑어보며 곰팡쥐가 다 떨어졌는지 확인했다. 곰팡쥐가 깨문 다리도 거짓말처럼 멀쩡해졌다. 그때 어깨에 매달려 달달 떨고 있는 곰곰이를 발견했다.

"얘는 그대로 있네?"

제인은 한 바퀴 빙 돌면서 나무에 싸인 집을 둘러보았다.

"우아!"

저절로 입이 벌어지며 반가움에 미소가 지어졌다.

"예전 모습 그대로야."

가족들이 바비큐 파티를 하던 뒷마당, 암막 커튼을 치고 영화를 보던 2층 방, 수인이 앉아서 책을 읽던 흔들그네까지. 그곳에는 제인의 기억 속 어릴 적 가족이 함께 살던 휴스턴의 이층집이 그대로 있었다.

나뭇가지가 부러져 버렸어!

...

"세상에 당연한 건 없어! 때론 소중한 나무가 쓰러지는 게 더 좋을 수도 있지."

"그게 무슨 소리야?"

딩가딩거는 알쏭달쏭한 표정을 지으며 들고 있던 플래시를 제인 손에 쥐어 주었다. 그러고는 재빨리 흔들그네 아래 놓여 있던 상자를 꺼냈다. 상자 안에는 대포처럼 생긴 또 다른 플래시가 들어 있었다. 딩가딩거는 두 손으로 대포 플래시를 움켜쥐고 우뚝 일어섰다.

"내 편이라면 나무를 지킬 수 있게 도와줘. 저 녀석들이 나무를 쓰러뜨리려고 해."

"우리 둘이 맞서기엔 너무 많은데? 일단 집 안으로 피하는 게 낫지 않을까?"

"너, 비밀번호 알아? 난 모르는데……."

제인이 고개를 내저었다.

펑! 그때 검은 덩어리가 날아와 바닥에서 터졌다. 펑! 펑! 바닥에 떨어진 곰팡쥐가 여기저기에서 터지며 뿌연 연기가 퍼져 나갔다. 반대편 곰팡쥐들이 가느다란 나무줄기를 투석기처럼 구부려 꼬리 달린 곰팡쥐들을 쏘아 올렸다.

우르르

슈아악

으악!!

다리에 힘이….

어어…

아아, 지금은 안 돼!

지금 현실로 돌아가면 안 되는데….

생명의 나무는
몇 번의 분할로 만들어졌을까

`0과`

봄이 지나고 나무들이 울창해지는 여름이 다가오고 있네. 아빠는 너희의 여름방학만을 기다리고 있단다. 이렇게 푸른 나무들을 보고 있으면 우리 가족이 함께 살았던 휴스턴의 마당 있는 집이 생각나. 너희도 생각나니? 뒷마당에 큰 나무가 있던 집 말이야. 아빠는 그 나무를 볼 때마다 찰스 다윈이 떠올랐단다.

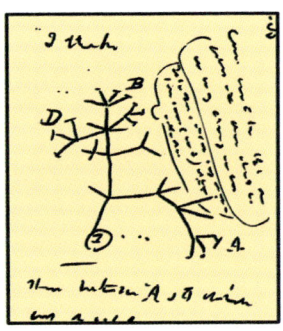

영국의 생물학자이자 《종의 기원》이라는 책으로 과학계에 큰 업적을 세운 찰스 다윈은 생명의 다양성을 표현하기 위해 생명의 나무를 그렸다고 해. 이 나

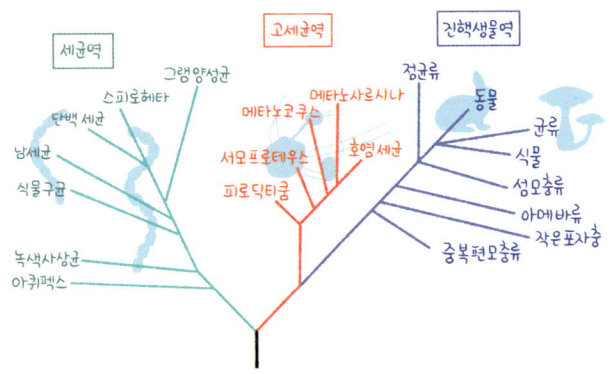

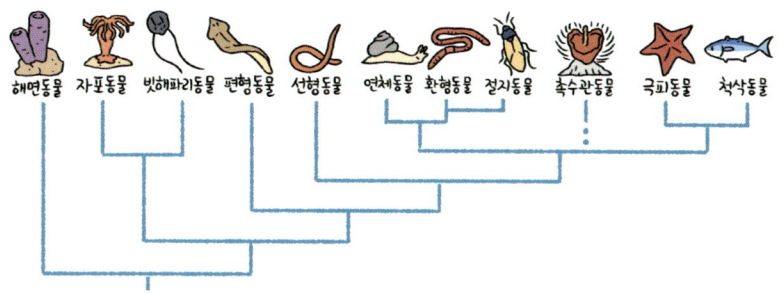

무는 잎이 무성한 푸르른 나무가 아니라, 앙상한 나뭇가지들이 사방으로 계속 뻗어 나가는 모습을 하고 있지.

다윈은 모든 생물이 공통 조상에서 시작해 여러 종이 나타났다고 생각했고, 이런 과정을 설명하기 위해 생명의 나무를 그렸어. 처음 그려졌을 당시보다 지금 우리에게 알려진 생명의 나무는 훨씬 복잡하단다. 우리가 흔히 알고 있는 동물과 식물 말고도 세균, 원핵생물 등 엄청나게 많은 종류의 생물이 살고 있거든.

다윈 이후로도 많은 사람이 생명의 나무를 그렸지만, 나무가 너무 복잡해져서 많은 부분을 생략했다고 해. 각각의 가지에서 분화된 동물이나 식물의 가지를 살펴보면 복잡한 나무 모양이 계속 나타나거든. 하나의 종이 두 개로 갈라지고 그 과정이 거듭되면서 우리 주변에 수많은 종이 생겨났다는 것은 참으로 놀라운 일이야.

현재 지구에 있는 생명체는 약 870만 종이라고 추정한대. 이 중 우리와 비슷한 포유류는 5,400여

종이라는데, 지구에 사는 생명체의 1,000분의 1도 안 되는 셈이야. 두 갈래로 갈라지는 단순한 분할로 이토록 다양하고 복잡한 생태계가 만들어졌다는 게 정말 신기한 일이지 않니?

이렇게 많은 종이 생기기까지 몇 단계가 필요했을까? 최초의 조상 하나가 진화해서 둘이 되고, 그 둘이 저마다 또 둘로 갈라져 넷이 되고, 그들이 또 갈라져 여덟이 되는 식이지. 물론 실제로는 이렇게 질서 정연하게 분할되지는 않았겠지만, 종이 갈라지는 것을 건물의 층에 빗댄다면, 한 층씩 올라갈 때마다 거듭 분할이 일어나는 것과 마찬가지야.

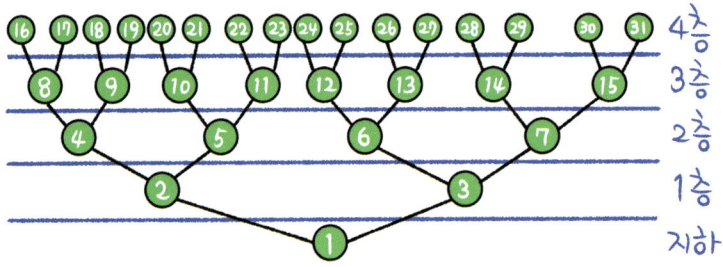

맨 밑에는 1종, 1층에는 2종, 2층에는 4종(2×2), 3층에는 8종(2×2×2), …… 10층까지 올라가면 2×2×2×2×2×2×2×2×2×2=1,024종이 되겠구나. 더 올라가서 23층에 이르면 8,388,608개(약 840만 개)가 돼. 지구 생명체의 모든 종이 나타나기까지 약 23번의 거듭 분할이면 충분하다니!(물론 이것은 분할 과정을 굉장히 단순화한 거고 현실은 훨씬 복잡했어.)

분할은 참으로 간단하면서도 신기한 생성 과정이야. 우리 몸을 구성하는 세포의 수는 30조 개 정도인데, 그 모든 세포가 하나의 수정란에서 시작되었거

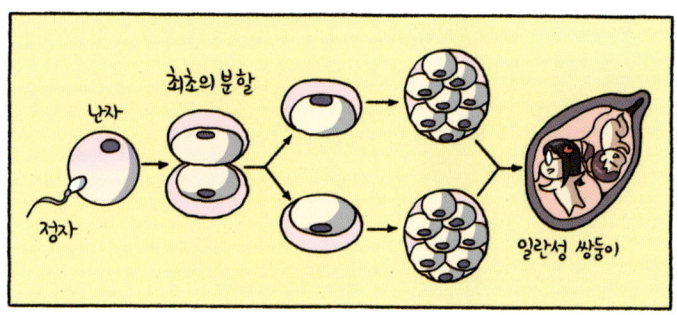

든. 수학적으로 보면 생명의 나무와 마찬가지로 우리 몸도 단순한 것이 분할을 통해 점점 늘어나는 방식으로 커지는 셈이지. 계산상으로는 44번 정도지만 우리 몸에는 다양한 세포가 있으니까 세포의 수명에 따라 수없이 많은 분할이 일어났겠지.

 분할의 위력, 정말 대단하지? 생명의 역사에서 그 많은 종의 생명체를 만들어 냈고, 하나의 세포에서 시작된 태아가 쑥쑥 자라 어른이 되게 해 주었으니 말이야. 그러고 보니 우리 가족의 역사에도 아주 특별한 분할이 있었구나. 엄마 몸속에 있던 알세포가 특별한 분할을 시작하고서 어떤 일이 일어났을까?

 0과 1, 수인이와 제인이가 되었지!

1에게

제 3화

아빠가 사라진 위치는 어디?

"지금 현실로 돌아가면…… 안 되는데……. 나무를…… 나무를 지켜야 해."

딩가딩거와 곰곰이가 곰팡쥐들과 한데 엉켜 싸우는 모습이 서서히 일그러지며 어느 순간 모두가 한 덩어리처럼 느껴졌다. 그렇게 제인은 아빠의 머릿속 세계에서 빠져나왔다.

현실로 돌아온 제인은 한동안 초점 없는 눈만 끔뻑거리며 멍하니 앉아 있었다.

"제인, 금방 정신이 돌아올 거야. 잠시만 그대로 앉아 있어."

제인이 눈동자를 굴려 첸 박사에게 초점을 맞추었다.

"박사님! 왜 깨우셨어요?"

제인이 소리쳤다.

"딩가딩거가 위험해요. 다시 가서 도와줘야 한다고요……."

제인은 마지막 순간 지쳐서 휘청거리던 딩가딩거를 떠올렸다. 그러고는 다시 돌아가겠다며 눈을 꼭 감았다.

"안 돼. 신체 수치가 갑자기 치솟아서 더 하면 위험해."

단호한 목소리였다. 첸 박사가 제인의 몸에서 기계 장치를 떼어 내며 영지 씨와 수인을 향해 들어오라고 손짓했다.

"제인아, 어디 불편한 곳은 없어?"

영지 씨가 제인의 손을 덥석 잡으며 물었다. 제인은 아무 말 없이 첸 박사가 떼어 낸 장치를 바라보며 울먹였다.

"제인아, 내가 말했던 거랑 같은 곳이었어?"

수인이 제인의 표정을 살피며 조심스럽게 물었다.

"아니, 내가 간 곳은 우리가 옛날에 살던 휴스턴 집이었어. 커다란 나무가 우리 집을 감싸고 있었는데 그 나무에 곰팡쥐들이 달라붙어서…… 딩가딩거랑 곰곰이랑 같이 막고, 나도 플래시를 휘둘렀는데……."

제인은 알아들을 수 없는 말을 횡설수설 쏟아 냈다.

"그만, 제인아. 진정하렴. 집에 가서 천천히 얘기해도 되니까 지금은 아무 말 하지 말고 마음을 가라앉혀 보자, 응?"

영지 씨가 떨고 있는 제인의 등을 쓸어내렸다.

"영지 씨, 저 다시 가면 안 돼요? 딩가딩거 혼자서는 버틸 수 없을 거예요. 그럼 아빠의 세상이 무너지고 말 거라고요."

"제인아, 진정하고 들어 봐. 너, 아빠 알잖아. 아빠는 지금까지 잘 싸우고 잘 버티고 있어. 그렇게 쉽게 무너지지 않아."

영지 씨가 제인을 다독이며 꼭 끌어안았다. 제인은 영지 씨 품에 얼굴을 묻

으며 고개를 끄덕였다.

'그래, 나무는 쓰러지지 않을 거야.'

"오늘은 여기까지 하겠습니다. 일단 집으로 돌아가서 쉬고 내일 다시 하죠."

브레인 콘택트는 시간제한이 있었다. 두 번 연속으로 시도하는 건 위험했다. 첸 박사는 모니터에 뜬 이 박사의 브레인 데이터와 제인의 브레인 데이터를 저장했다. 제인이 보고 느낀 것을 토대로 두 데이터를 비교하면서 의미를 해석할 수 있을 거라고 했다.

"첸 박사, 정말 이렇게 계속 진행해도 괜찮은 거예요?"

영지 씨가 걱정스러운 표정으로 물었다.

"영지 씨, 저 괜찮아요. 끄떡없다고요."

제인이 씩씩하게 말하자 수인은 괜스레 콧등이 찡해 왔다. 첸 박사는 애써 시선을 피하며 입술을 꾹 다물었다.

두 번째 브레인 콘택트가 끝나고 첸 박사는 가족들을 전차에 태워 다시 지하 터널을 통해 집으로 데려다주었다.

"저는 연구소로 돌아가서 아이들이 접속했을 때 나타난 이 박사의 브레인 데이터를 좀 더 살펴볼게요. 그래야 다음엔 더 효과적으로 진행할 수 있을 겁니다."

첸 박사는 가족들을 플랫폼에 내려 주고 전차에 올랐다.

"고생 많았어요, 첸 박사!"

영지 씨는 멀어지는 전차를 향해 손을 흔들어 인사했다.

집에는 딩가딩거가 홀로 가족들을 기다리고 있었다. 세 사람은 거실 소파에 기대앉아 한동안 아무 말도 하지 않았다.

창가에 있던 딩가딩거가 사뿐히 뛰어 내려와 거실을 가로질러 서재로 향했다. 그 모습을 지켜보던 제인이 입을 뗐다.

"수인이 네 말대로 딩가딩거를 따라갔어."

제인이 차분한 목소리로 아빠의 브레인 월드에서 겪은 이야기를 시작했다.

"내가 도착한 곳에는 아주 커다란 나무가 있었어. 아빠의 기억과 추억을 간직한 '기억의 나무'라고 했어. 그 나무가 옛날 우리 집을 감싸고 있었는데…… 휴스턴에서 살던 집 기억나지?"

"당연하지. 그 집에 아빠가 있었어?"

수인이 기대에 찬 눈빛으로 물었다. 이 박사 얘기에 영지 씨도 긴장한 얼굴로 제인의 대답을 기다렸다. 두 사람의 표정을 본 제인이 약간 주저하며 입을 열었다.

"그러니까…… 아빠를 만난 것 같긴 해."

"만난 것 같다니 그게 무슨 말이야? 진짜 아빠를 만난 거야?"

여간해서는 흥분하지 않는 수인이 자리에서 벌떡 일어나서 동동거렸다.

"딩가딩거가 둘이었거든."

제인이 천장을 보며 중얼거렸다.

"아빠 얘기 하다가 뜬금없이 딩가딩거 얘기가 왜 나와?"

빨리 아빠 얘기를 듣고 싶었던 수인은 애매하게 말을 끄는 제인이 답답하기만 했다.

"잠깐만, 내 얘길 끝까지 들어 보라고."

"그래, 진정하고 천천히 들어 보자꾸나."

영지 씨가 수인을 진정시켰다.

"나무를 지키려는 딩가딩거와 쓰러뜨리려는 딩가딩거가 서로 싸우고 있었어. 아니, 전쟁 중이란 게 더 맞겠다."

"둘 다 딩가딩거라고?"

"응, 딩가딩거가 다른 고양이도 자기라고 했어."

제인은 뚫어져라 자신을 보고 있는 수인의 시선에 고개를 떨구면서 자신 없는 목소리로 중얼거렸다.

"근데 마지막에 이상하게도 그게 다 아빠처럼 느껴졌어. 지키려는 쪽도 쓰러뜨리려는 쪽도 나무도 곰팡쥐랑 곰곰이까지 모두 다 아빠였던 것 같아."

"그게 무슨 말이야? 알아듣게 좀 얘기해 봐."

제인은 기억의 나무 언덕에서 본 것들을 더 자세히 기억해 내려고 했지만 머릿속이 온통 뒤죽박죽이었다.

"아빠의 머릿속에서 기억의 나무를 지키려는 쪽과 없애려는 쪽이 싸우고 있었다고. 근데 양쪽을 보니까 둘 다 우리처럼 쌍둥이잖아."

"아빠의 머릿속을 지키려는 것도 파괴하려는 것도 같은 거라는 말이지?"

수인은 제인의 말이 두서없기는 해도 틀림없이 중요한 얘기라고 느꼈다. 그래서 제인이 편하게 말할 수 있도록 어깨를 감싸며 옆에 앉았다.

"어쩌면 아빠는 이러지도 저러지도 못하는 아주 혼란스러운 상황에 빠진 게 아닐까? 그냥 내 느낌이 그랬어. 정확히 설명은 못 하겠지만……."

"우리 제인이 다 컸네. 아빠 마음도 헤아릴 줄 알고."

영지 씨는 아빠의 머릿속에서 제인이 혼자 겪어 냈을 마음고생에 가슴이 아팠다. 그런 제인에게 해 줄 수 있는 일이 고작 등을 쓰다듬어 주는 것뿐인 게 속상했다. 수인도 제인이 생각을 정리할 수 있게 자기 생각을 천천히 이야기했다.

"제인이 넌 쌍둥이 고양이와 기억의 나무, 그리고 나는 소리가 뒤엉킨 세상을 만났잖아. 둘이 무슨 상관이 있을까? 수학적인 연결 고리가 있으려나?"

수인이 뭐라도 찾겠다는 듯 일어나 서재로 가는데 마침 책장 위로 뛰어오르던 딩가딩거가 뭔가를 툭 떨어뜨렸다.

뎅! 수인에게는 익숙한 소리였다. 바닥에 떨어진 건 반짝이는 막대기였다. 딩가딩거가 바닥으로 뛰어내려 그 막대기를 할짝거렸다.

수인이 다가가자 딩가딩거는 보라는 듯 막대기를 내려놓고 다시 풀쩍 책장 위로 올라갔다.

"소리굽쇠잖아. 딩가딩거, 이게 무슨 힌트라도 되는 거야?"

수인이 소리굽쇠를 집어 들어 딩가딩거를 향해 흔들었다. 딩가딩거가 앞발로 소리굽쇠를 툭 치자 '징~' 하는 소리가 길게 울려 퍼졌다. 그 모습을 본 제인이 외쳤다.

"수학적인 연결 고리…… 생각났어! 아빠가 편지에서 음을 더해서 음악을 만든다고 했잖아. 수학적으로!"

수인도 수의 덧셈에 관해 쓴 아빠의 편지를 기억했다.

"맞아! 아빠가 모든 것은 수라고 했던 거 나도 기억나!"

디리링 딩딩.

그때 영지 씨의 휴대 전화 벨이 울렸다. 우주에서 걸려 온 위성 전화였다. 스피커폰으로 엄마 목소리가 흘러나오자 쌍둥이는 휴대 전화 앞으로 달려갔다. 잠을 설쳤는지 다크서클이 시꺼멓게 내려앉은 메건 리 박사의 얼굴이 화면에 나타났다.

"영지 씨, 애들 아빠 휴대 전화는 아직 못 찾았죠?"

"그래, 경찰 말로는 GPS(지피에스) 신호가 집에서 끊겼다던데."

"집이요?"

메건 리 박사가 되묻자 쌍둥이가 동시에 물었다.

"왜, 엄마?"

"아빠는 엄마가 밤하늘 어디에 있는지 늘 알고 싶어 했어. 휴대 전화에 엄마 우주선을 추적하는 프로그램을 켜 두면 언제든 그 방향을 올려다보며 엄마를 찾을 수 있다고. 그 프로그램을 확인해 보니 실종되기 전 아빠가 엄마의 마지막 신호를 수신한 곳은 집이 아니었어."

메건 리 박사는 평소에도 쌍둥이의 질문에 대충 대답하는 법이 없었다. 어렵더라도 차근차근 과학적 원리를 설명하는 건 아빠와 마찬가지였다.

"엄마랑 아빠가 연결된 위치 프로그램의 신호가 꺼진 곳을 찾았다는 거죠?"

제인은 못 알아듣겠다는 표정이었지만 수인은 어느 정도는 이해했다.

"맞아. 엄마 위치를 마지막으로 수신한 지점이 바로 아빠의 휴대 전화가 꺼진 곳이란 소리지."

"그럼 경찰이 거짓말을 한다는 거니?"

영지 씨가 조심스럽게 물었다.

메건 리 박사는 마지막으로 신호를 수신한 지점을 다시 확인하고서 대답했다.

"민형 씨 휴대 전화에 깔린 프로그램은 전화가 꺼지면 수신이 안 되거든요. 마지막으로 신호를 받은 게 런던 시내 중심가니까 휴대 전화도 거기서 꺼진 게 분명해요."

"마지막 GPS 신호가 집에서 잡혔다는 건 첸 박사가 확인했다니까 사실일 거야."

영지 씨가 첸 박사한테 들은 얘기를 전했다.

"그렇다면…… 지하나 터널로 이동했을 수도 있겠네요."

"지하…… 터널? 메건, 사실 우리가……."

그때 수인이 영지 씨의 말을 자르며 끼어들었다.

"엄마, 여기서 첸 박사님이 열심히 알아봐 주고 있고……."

"우리도 포기하지 않고 찾고 있어, 엄마."

뒤이어 제인도 힘차게 말했다.

"그래, 너희가 힘내 줘서 고마워."

메건 리 박사는 화면으로 아이들 얼굴을 쓰다듬었다. 아이들이 응원해 준 덕분에 지구에서 수십만 킬로미터 떨어진 달 궤도 국제 우주 정거장에 올 수 있었다. 그런데 엄마가 되어서 아이들이 힘든 상황에 처했는데 곁에 있어 주지 못해 너무나 미안했다. 그때 곧 통신이 끊긴다는 경고음이 울렸다.

"영지 씨, 저는 여덟 시간 뒤에나 다시 연락할 수 있어요. 새로운 소식 있으면 음성 남겨 주세요. 수인아, 제인아, 엄……."

메건 리 박사와 아이들이 채 인사를 나누기도 전에 연결이 끊겼다. 영지 씨는 휴대 전화를 내려놓고 수인과 제인에게 왜 자신의 말을 막았는지 물었다.

"엄마가 알면 당연히 브레인 콘택트를 못 하게 할 테니까요."

"일단 우리가 지하 연구소나 브레인 월드에 대해 좀 더 알아낸 다음에 말하는 게 좋지 않을까요?"

"이럴 때는 둘이 하나가 되는구나."

영지 씨는 마지못해 고개를 끄덕였다. 우주에 있는 엄마가 하지 말라고 말릴 수 있는 아이들이 아니었다. 그만큼 아빠를 찾는 게 절실했으니까. 그때 첸 박사가 문을 활짝 열고 들어왔다.

인공 지능이 발전하면 수학자는 할 일이 없어질까

0과

 지난 일주일은 일이 꽤 많아서 편지를 쓸 시간이 없었네. 독일에서 열리는 중요한 회의에 다녀왔거든. 전 세계 수학자들이 베토벤의 고향이기도 한 도시 본에 모였어. 오랜만에 옛 동료들을 만나 반갑게 이야기를 나누기도 하고 때론 격렬한 토론을 벌이기도 했지.

 본에서 열린 회의에서 아빠는 '기계가 결국 스스로 생각할 수 있게 될 것인가?'라는 주제의 강의를 흥미롭게 들었어. 그 주제는 아빠의 직업을 약간 위협하는 것이기도 해. 요즘은 기계가 정말 똑똑해져서 휴대 전화로 많은 것을 할 수 있고, 컴퓨터 없는 세상이 돌아가지 않는 것 같아. 수학자도 연구를 할 때 계산기나 컴퓨터가 꼭 필요하거든. 21,649 × 513,239 같은 복잡한 계산도 순식간에 처리해 주니까.

 그렇다면 계산을 빨리하는 컴퓨터가 아주 똑똑하다고 할 수 있을까? 보통은 성능이 좋다고 하지 똑똑하다고 하지는 않잖아. 묘하게도 만약 너희가 저런 곱셈을 컴퓨터만큼 빨리한다면 누구라도 아주 똑똑하다고 말할 거야. 무슨 차이가 있을까?

아마도 수인이처럼 바이올린을 연주하고 제인이처럼 축구를 잘할 수 없기 때문일 거야. 그런데 만약 로봇의 머리에 계산을 빨리하는 컴퓨터가 들어 있다면? 그 로봇이 그림도 그리고 바이올린도 연주하고 축구도 할 수 있다면 똑똑하다고 해야 하지 않을까?

예전에 사람들은 기계가 절대 체스나 바둑을 둘 수 없다고 생각했단다. 그런데 2016년에 세계적인 바둑 기사 이세돌 9단과 인공 지능 컴퓨터 알파고가 바둑 대결을 벌였는데 인간이 4 대 1로 패배하는 사건이 일어났어. 컴퓨터란 사람이 입력한 지시만 수행할 수 있는 기계라고 생각했는데 알파고는 스스로 상대방의 바둑 수를 읽고 자기만의 방식으로 승부수를 띄웠거든.

컴퓨터가 존재하는 모든 수학 개념을 다 알고 있고 스스로 문제도 풀 수 있다면 아빠 같은 수학자들은 할 일이 없어지지 않을까? 아빠는 어쩌면 사람이 할 수 없는 영역의 일도 컴퓨터가 해낼 수 있지 않을까 하는 생각을 해. 요즘 아빠가 푹 빠져 있는 양자 컴퓨터라면 해낼 수 있을 것도 같거든.

아인슈타인이 만든 상대성 이론이 원자 폭탄이라는 무서운 무기를 만들어 낸 것처럼 지금 아빠가 연구하고 있는 이 기술과 지식이 혹시나 전혀 의도하지 않은 결과를 만들어 낼지 조금은 걱정돼. 여행 가방도 풀지 않고 편지부터 쓰고 있는데 이제 자야겠다. 아무리 귀엽고 똑똑한 로봇이 발명되어도 너희를 대신할 순 없을 거라는 건 분명히 말해 줄게.

1에게

제 4 화

지키려는 편, 없애려는 편

저녁 9시가 다 되어서야 가족들은 다시 연구소에 도착했다. 연구실 모니터에 붉은색 신호가 어지럽게 번쩍이고 있었다.

다급한 상황인지 첸 박사는 이미 브레인 콘택트 준비를 끝낸 상태였다.

"제인이가 다시 들어가 줘야 해."

첸 박사가 눈을 마주치지 않은 채 말했다.

"두 번 연속은 위험하다면서요?"

영지 씨가 첸 박사를 가로막았다.

"이 박사의 브레인 데이터가 이상합니다. 뇌파가 전체적으로 너무 느려졌어요. 이 델타파는 혼수 상태이거나 무의식 상태에서 나타나거든요."

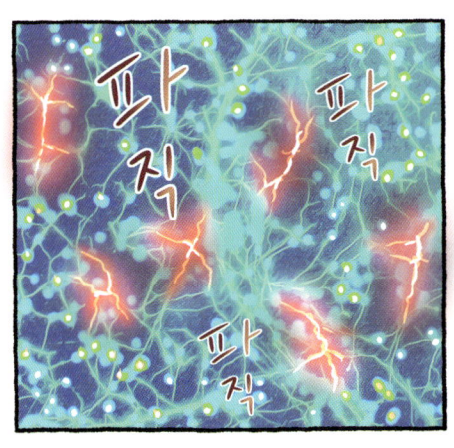
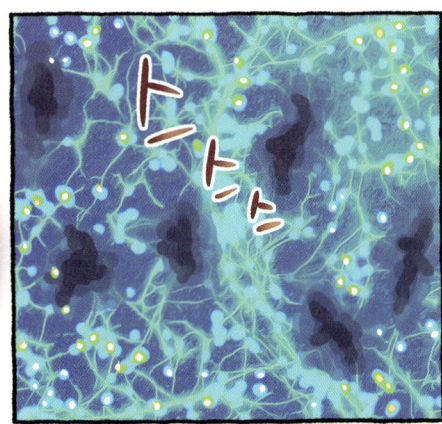

제인과 연결이 끊기고 얼마 되지 않아 이 박사의 상태가 급격히 나빠진 것이다. 제인이 빠져 나온 후에 아빠의 머릿속 세상에 뭔가 큰 변화가 생긴 게 틀림없었다. 그걸 확인하고 조치하려면 마지막으로 들어갔던 제인이 다시 브레인 콘택트를 하는 수밖에 없었다.

"이번엔 제가 신호를 보낼 때까지 깨우지 말아 주세요."

제인이 첸 박사에게 부탁했다. 첸 박사는 곤란한 표정을 지으며 영지 씨의 눈치를 살폈다. 제인은 영지 씨를 향해 엄지손가락을 들어 보였다. 영지 씨는 걱정되었지만 제인을 말릴 수 없었다.

"자, 그럼 다시 접속 시작!"

세 번째 브레인 콘택트가 시작되었다. 제인은 무중력 상태인 듯 몸이 붕 떠오르는 걸 느꼈다. 눈이 스르르 감겼다.

쟤들 뭐 하는 거야?!

나무를 쓰러뜨리려는 거야!

기억의 나무를?

발을 굴러서 쓰러뜨린다고?

상대편 딩가딩거의 지휘에 맞춰 곰팡쥐들이 행진해 나무 주위를 빙 둘러쌌다. 그러고는 제자리에서 발을 굴렀다. 쿵쿵! 쿵쿵! 곰팡쥐들의 세찬 발걸음에 땅이 울렸다.

누구보다 빨리 땅의 울림을 느낀 제인은 눈을 감고 허공에 손을 뻗었다. 발바닥에 전해지는 진동에 맞춰 공기에서도 물결이 느껴졌다.

제인이 눈을 번쩍 뜨자 진동이 전달되는 현상이 그림으로 그린 듯 사방에 나타났다. 곰팡쥐들이 만들어 낸 파동이었다. 발걸음이 빨라질수록 파동은 그물이 되었다가 꽃잎이 되고 다시 동심원을 이루며 알록달록 아름다운 풍경을 만들어 냈다. 모양과 색채가 다채로운 만화경 속 세상 같았다.

"아빠!"

'이건 소리를 보여 주는 모래의 춤이란다.'

언젠가 제인이 보청기를 잃어버렸던 날, 이 박사가 제인에게 소리로 그린 그림을 보여 준 적이 있었다.

그때였다. 곰팡쥐들 주변으로 퍼지던 진동이 거대한 파도가 되어 기억의 나무를 향해 밀려갔다. 곰팡쥐의 파동과 기억의 나무의 파동이 겹치며 진폭이 두 배로 커지자, 꿈쩍도 않던 나무가 한순간에 흔들리기 시작했다. 파도가 밀려갈수록 나무는 더욱 격렬하게 움직였다.

으아악! 진동이 점점 세져!

꾸꾸~!

성문 앞 우물 곁에 서 있는 보리수….

아빠가 불러 주던 자장가!

서 있는 보리수!?

딩가 딩거!

다급해지면 노래를 불러 줘!

그만둬!

팍

나는 ♪ 그늘 아래~ ♫

타 타 탓

쿠드드

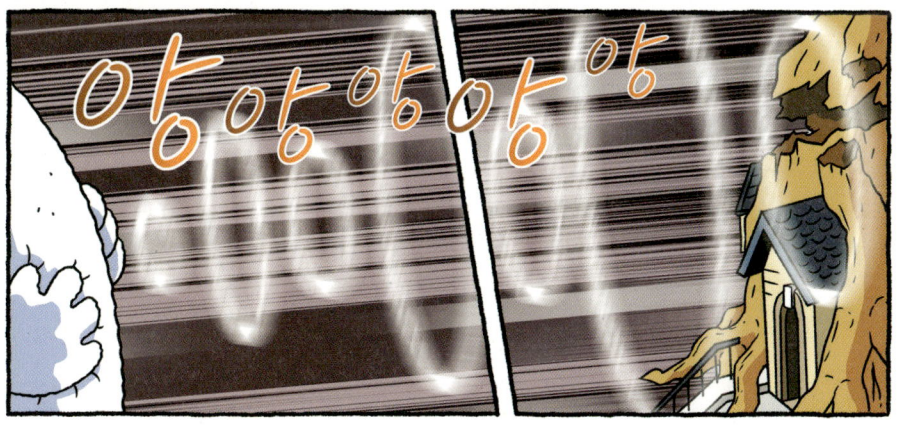

딩가딩거가 손가락을 움찔거리더니 무거운 눈꺼풀을 들어 올리며 깨어났다.

"어떻게 된 거야?"

"딩가딩거, 네가 말한 대로 노래를 불렀어. 아빠가 우리한테 불러 줬던 자장가 말이야. 그랬더니 너랑 곰곰이랑 곰팡쥐들 모두 잠에 빠졌어."

제인이 주위를 둘러보며 대답했다. 사방에는 정말 곰팡쥐들이 잠들어 있었다. 어깨에 올라탄 곰곰이도 꾸벅꾸벅 졸고 있었다.

"기, 기억의 나무는……?"

딩가딩거가 고개를 번쩍 들어 보리수나무를 살펴보았다.

"다행이다! 후유……."

딩가딩거는 여기저기 갈라지고 뜯겨 나간 나무를 보며 안도의 한숨을 길게 내쉬었다.

"나무가 엉망이 되었는데 뭐가 다행이야?"

"다행이지, 정말 다행이야. 제인, 네가 나무를 지켜 냈어. 도대체 어떻게 곰팡쥐들을 막은 거지?"

"뭐라도 해야겠다고 마음먹은 순간 갑자기 소리가 보였어. 나무를 부러뜨리는 파동이 보이면서 방법이 딱 떠오르더라고. 아빠가 알려 줬던 소리의 덧셈."

그때 반쯤 꺾인 나무등치에서 찌걱 소리와 함께 연기가 피어올랐다. 딩가딩거는 재빨리 소리가 나는 쪽으로 달려갔다.

제인도 따라가려는 순간, 뒤에서 또 다른 딩가딩거가 중얼거렸다.

"A 소리와 -A 소리가 만나 서로 영향을 받아 소멸한다는 건 정말 놀라운 자연 현상이야."

제인이 깜짝 놀라 걸음을 멈추고 뒤돌아보았다. 아빠가 편지에 썼던 문장 그대로였다.

"너도 아빠야?"

또 다른 딩가딩거가 엄지손가락을 쓱 치켜올리더니 몸을 털며 언덕 아래로 향했다. 제인은 혼란스러운 표정으로 쌍둥이 딩가딩거를 번갈아 보았다.

털썩!

힘을 다 쓴 듯 딩가딩거가 바닥에 널브러져서 가쁜 숨을 몰아쉬었다.

"우아아, 딩가딩거!"

제인은 놀라움에 딩가딩거의 이름만 불러 댔다.

"쉿!"

딩가딩거가 긴장한 표정으로 주위를 살피며 말했다.

"나무를 지켜 냈으니, 곰팡쥐들이 깨어나기 전에 좀 쉬어야겠어."

"너 어떻게 한 거야?"

제인이 숨죽여 물었다.

"놀랄 거 없어. 이게 내 일이야. 나무를 지키는 일!"

"그게 대단한 거지."

"사실 이번엔 정말 위험했어. 조금만 늦었어도 나무가 완전히 쓰러졌을지 몰라. 잘했어, 제인."

딩가딩거가 제인의 어깨를 토닥였다.

"나무가 완전히 쓰러져 버리면 어떻게 되는데?"

"그땐 다시는 회복할 수 없어……. 그럼 이 세상이 완전히 사라지는 거지."

"아빠의 세상이 사라져?"

제인은 사라진다는 의미를 되새겼다. 어쩌면 아빠를 얘기하는 건지도 몰랐다. 아빠가 사라진다? 제인은 얼른 머리를 흔들어 재빨리 생각을 지웠다.

"딩가딩거, 지난번엔 나무가 쓰러지는 편이 더 좋을 수도 있다고 했잖아? 대체 누가 좋은 편이야?"

딩가딩거가 제인과 눈을 마주쳤다. '그래서 너는 누구 편인데?' 딩가딩거가 눈빛으로 물었다. '당연히 나무를 지키는 편이지!' 그 당연한 말이 쉽게 나오지 않았다.

'딩가딩거와 딩가딩거.'

아빠는 무엇을 원할까? 아빠의 마음을 모르니 자기가 누구 편에 서야 하는지 제인은 알 수 없었다.

꾸물꾸물.

어깨에 올라앉아 있던 곰곰이가 꿈틀거렸다. 제인은 곰곰이를 쓰다듬으며 걱정스레 바라보았다. 이렇게 귀여운 곰곰이랑 맞서 싸워야 하는 순간이 올지도 모른다.

소리로 덧셈을
할 수 있을까

0과

소리로 그리는 그림 기억나니? 아빠가 '모래의 춤'이라고 불렀던 그림 말이야. 마치 소리에 맞춰 모래알들이 춤을 추는 것같이 보이지만 사실 소리를 이루는 파동을 이용한 것이란다. 우리가 듣는 소리는 공기를 통해 움직이는 압력의 파동이야. 쉽게 말하면 공기가 고막을 두드리는 거지. 소리가 날 때 공기압이 마치 파도처럼 오르락내리락해서 '파동'이라고 부른단다. 파동이 한 번 오르락내리락하는 데 걸리는 시간을 '주기'라고 하고, 1초에 지나가는 파동의 수를 '주파수'라고 해. 수인이가 바이올린을 연주하기 전에 소리굽쇠를 진동시켜 음을 조율하는 것도 이 파동의 원리를 이용한 거야.

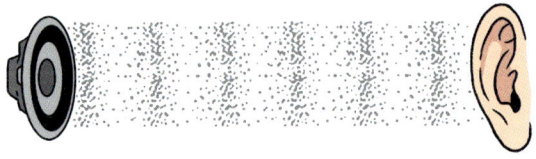

음은 소리의 일종이지만 모든 소리가 음은 아니야. 일반적인 소리는 파동이 굉장히 복잡하게 변해서 특정한 주파수나 주기가 나타나지 않거든. 그렇지만 음악을 이루는 음은 파동이 주기적으로 반복되는 소리라 고유의 주파수를 가지고 있어. 도의 주파수는 256이고, 악기를 조율할 때 음을 맞추는 데 사용하

는 A라고 부르는 라의 음의 주파수는 440이야.

도, 레, 미, 파, 솔이라고 부르는 '음'은 파동이 일정한 주기로 반복되는 소리라고 할 수 있지. 그렇다면 듣기 좋은 음악에도 비밀이 있을까? 이 궁금증을 풀기란 사실 상당히 어려워. 왜냐하면 귀로 듣는 음악인 동시에 듣기 좋은 소리라고 느끼는 것이 얽혀 있는 질문이기 때문이야. 하지만 수학적으로는 확실히 아름다운 패턴을 발견할 수 있단다.

고대 그리스의 철학자이자 수학자였던 피타고라스는 '음의 나눗셈'을 발견했는데, $\frac{2}{3}, \frac{4}{3}$ 와 같이 간단한 분수로 나뉘는 두 음을 동시에 낼 때 아름다운 소리가 나온다고 말했어. 이것을 '화음'이라고 하는데 화음은 음을 사용해서 만드는 가장 간단한 음악이야.

음을 나눌 수 있다면 음을 더할 수도 있을까? 다르게 말하면 소리의 파동을 더하는 거야. 서로 다른 파동을 지닌 음 두 개가 합체하면 모양이 다른 파동이 생겨나. 예를 들어 주파수가 2인 음(주기 $\frac{1}{2}$)과 주파수가 3인 음(주기 $\frac{1}{3}$)이 합쳐지면 이렇게 재미있는 모양의 파동이 주기적으로 나타나거든. 이게 5도 화음의 모양이야.

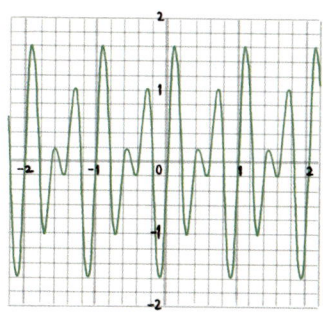

5도 화음

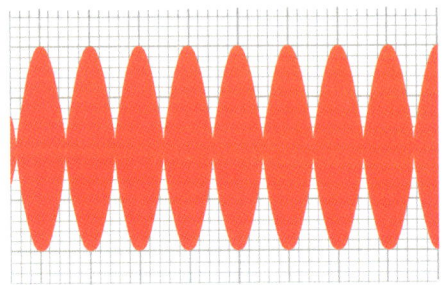

맥놀이 현상

　주파수의 차이가 거의 나지 않는 주파수 256인 음과 257인 음을 더해 보니 이런 모양이 나오더라. 이 소리를 들어 보면 모양 그대로 '우왕우왕'하는 것처럼 들리는데 이것을 '맥놀이 현상'이라고 해. 두 음이 따로 울리는 것이 아니라 일종의 새로운 소리, '음악의 덧셈'이 일어난다는 증거란다. 수인이가 바이올린을 조율할 때 현이 맞지 않으면 윙윙거리는 소리가 들리는 것도 같은 원리야.

　우왕우왕한다는 것은 소리가 커졌다 작아졌다 한다는 뜻인데, 소리가 점점 작아지다 아예 없어지는 부분도 있잖아. 그건 파동과 파동이 더해졌을 때 아무 것도 없는 수 0이 될 수도 있다는 뜻이야. A 소리와 -A 소리가 만나 서로 영향을 받아 소멸한다는 건 정말 놀라운 자연 현상이야.

　신기하게도 바뀐 파동이 더하기 전의 두 음보다 복잡하지만 여전히 짜임새가 보기 좋을 때 우리가 아름다운 화음이라고 느끼는 것 같아. 파동이 너무 복잡해지면 좋게 들리지 않거든. 우리가 듣기 좋다고 생각하는 음악을 눈으로도 볼 수 있다니 멋지지 않니? 요즘 아빠는 이렇게 음을 더했을 때 어떤 멋진 파동이 나타나는가에 푹 빠져 지내고 있단다.

　아빠는 어쩌면 소리를 들을 수 없는 제인이가 소리를 볼 수 있는 게 아닐까,

생각한 적이 있어. 제인아, 네가 새들이 지저귀는 모습을 보면서 그렸던 그림 기억하니? 수인이의 바이올린 연주를 들으면서 그렸던 그림에도 아빠는 볼 수 없는 멋진 파동을 그려 놓았잖아.

두 개의 음이 합쳐져서 독특하고 아름다운 모양을 그리는 화음이 펼쳐진 제인이의 세계가 어떤 풍경일지 궁금하구나.

1에게

제5화

브레인 월드의 비밀번호

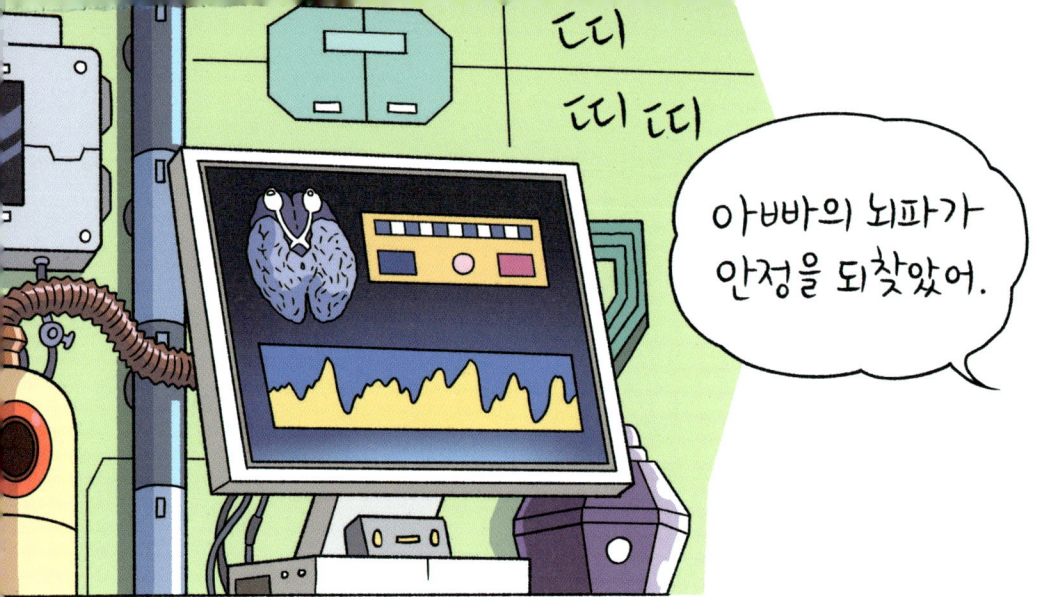

제인은 다시 현실로 돌아왔다. 아빠의 상태도 다행히 안정을 되찾았다.

"잘했다, 잘했어! 우리 제인이!"

영지 씨가 제인을 꼭 끌어안으며 칭찬했다. 수인도 제인을 향해 엄지손가락을 치켜세웠다.

하지만 정작 제인의 얼굴은 어두웠다. 기억의 나무 언덕에서 일어났던 전투는 끝난 게 아니었다. 지키는 편에 선 것이 옳은 결정인지도 확신할 수 없었다.

"박사님, 아빠를 찾는 데 우리가 도움이 되고 있는 거…… 맞죠?"

브레인 콘택트 장치를 떼고 있던 첸 박사에게 제인이 물었다.

"당연하지. 오늘은 제인이가 아빠를 구한 거야. 저기 좀 보렴. 아빠의 머릿속 세상이 평온해졌잖아. 너희 덕분에 아빠가 보내는 신호도 조금씩 해석하고 있단다."

"정말요?"

첸 박사가 가리킨 모니터에서 델타파는 더 이상 보이지 않았다. 희망이 담긴 반가운 소리였다.

"이제 정말 중요한 단서를 찾아야지. 아빠가 지금 어디 있는지 알려면 기호나 숫자에 집중해야 해."

"기호나 숫자요?"

수인이 되물었다.

"아빠가 마지막까지 하던 연구는 정말 중요한 거였어. 그러니까 그걸 찾으면 아빠의 의식과 직접 마주할 수 있을 거야. 그때 아빠한테 어디에 있는지 물어보면 돼."

첸 박사가 실험 의자에서 내려오는 제인에게 손을 내밀었다. 잠시 망설이던 제인은 첸 박사의 손을 잡았다. 어쨌든 지금 가족들이 믿고 의지할 사람은 첸 박사뿐이었다.

영지 씨와 아이들은 재빨리 눈빛을 주고받았다.

"첸 박사! 우리 집에 함께 가 주면 좋겠는데……."

영지 씨가 말했다.

"무슨 일 있어요?"

"박사님이 직접 봐 주셨으면 하는 게 있거든요."

제인이 덧붙였다. 이 박사가 위험했던 순간을 지켜본 가족들은 더 이상 첸 박사에게 '상처 난 허공'을 감추어선 안 된다고 생각했다. 이 박사의 실종과 연관되어 있을지도 모를 일이었다. 더군다나 '상처 난 허공'은 점점 커지고 있었다. 영지 씨는 혹시나 잘못되어 아이들까지 위험해질까 봐 걱정이 이만저만이 아니었다.

첸 박사 말고는 '상처 난 허공'에 대해 얘기할 사람도, 그걸 설명해 줄 만한 사람도 없었다.

가족들이 첸 박사와 함께 집으로 돌아왔을 때 11시를 알리는 시계 소리가 들렸다.

"이쪽으로 오세요."

수인과 제인이 앞장서서 계단을 올라갔다. 그 뒤를 첸 박사와 영지 씨가 따라 걸었다.

첸 박사를 1층 거실로 안내한 제인은 책장을 가려 두었던 나무 화분을 창 쪽으로 옮기며 말했다.

"수인아, 거실 불 좀 꺼 줘!"

첸 박사는 입을 딱 벌린 채 아무 말도 하지 못했다.
"언제부터 이런 게 여기 있었니?"
"집에 온 첫날 발견했어요."
"그땐 손바닥만 했는데……."
수인과 제인이 번갈아 말했다.
"점점 커지고 있다고?"
첸 박사는 심각한 표정으로 그 주위를 맴돌며 손을 대 보거나 아래위로 자세히 들여다보며 사진도 찍었다.
첸 박사가 "오류? 뒤틀림?"이라고 혼잣말을 중얼거리며 느릿느릿 소파로 걸어가 털썩 주저앉았다.
'정말 실행한 거야!'
첸 박사는 이 박사가 혼자서 새로운 양자 컴퓨터 시스템을 만들어 냈다는 걸 알아챘다.
첸 박사는 이 박사와 나눴던 대화를 떠올렸다.

'그렇다면 이 박사가 만든 그 컴퓨터는 어디에 있는 거지?'

이 집에 컴퓨터를 감춰 둘 만한 장소는 없었다. 온도 조절이나 전력 공급 등 꽤 까다로운 운영 조건이 필요했기에 컴퓨터를 절대 집 안에 둘 수 없었다. 대체 컴퓨터 없이 어떻게 실행했단 말인가? 첸 박사는 이런저런 생각에 빠져들었다.

"첸 박사?"

영지 씨가 몇 번을 부르고서야 첸 박사가 고개를 들었다.

"뭘 그리 깊이 생각해요? 우리한테도 좀 설명해 주세요. 저게 대체 뭡니까?"

"그러니까요. 저게 뭘까요?"

첸 박사의 목소리에 힘이 없었다.

"아빠랑 관계가 있죠?"

"일부러 가려 둔 걸까요?"

제인과 수인이 연이어 질문을 했다.

"아무래도 그런 거 같구나."

"혹시 위험한 건 아니겠지요? 위험한 거라면 이 박사가 애들이 오기 전에 치웠을 테니까."

"아직은 잘 모르겠습니다."

"더 커져서 집을 삼키거나 막 그러는 건 아니겠죠?"

제인이 불안한 눈빛으로 물었다.

"아마도? 영지 씨 말대로 위험한 걸 집에 두진 않았겠지."

가족들의 질문에 대답하기는 했어도 정확히 알지 못해 답답하기는 첸 박사도 마찬가지였다. 답을 알고 있는 사람은 오직 이 박사뿐이었다.

'아니, 어쩌면 이 박사도 모를지 몰라!'

첸 박사는 떨리는 두 손을 감추려 힘주어 맞잡았다. 이 박사에 대한 질투와 경외심, 설렘과 두려움이 마구 뒤엉킨 감정을 들키고 싶지 않았다. 빨리 이곳을 벗어나고 싶었다.

"저도 처음 보는 현상이라 당장은 뭐라 드릴 말씀이 없습니다. 좀 더 알아볼게요."

첸 박사는 자료를 찾아 보겠다며 급하게 연구소로 돌아갔다.

첸 박사가 별다른 해답을 주지 않고 떠나자 영지 씨는 기운이 쭉 빠졌다. 그렇다고 상심한 마음을 아이들에게 들켜서는 안 되었다.

"오늘은 편하게 침실에서 자자꾸나."

"2층에 우리 방이 있어요. 영지 씨는 아빠 방에서 주무세요."

수인과 제인은 2층으로 올라갔다.

영지 씨 방, 불 꺼짐!

제인은 잠금장치의 번호판을 만지작거렸다. 다시 와 봤지만, 막상 힌트가 없는 건 똑같았다. 수인은 길게 한숨을 내쉬며 반대편 벽면을 쳐다보았다. 굳게 잠겨 있는 터널 안쪽엔 무엇이 있을까?

아무 번호나 눌러 보던 제인이 문에 등을 대고 바닥에 철퍼덕 주저앉았다.

"아빠가 수학자인 거 별로야. 맨날 숫자 암호나 만들고, 무슨 아빠가 이래."

제인이 투덜거리는 소리를 듣던 수인이 풋 웃음을 터뜨렸다.

"맞아. 우리 생일 케이크 마지막 한 조각도 아빠가 그렇게 먹어 버렸잖아!"

"생일 케이크……? 아! 숫자 마술?"

아빠가 보여 준 숫자 마술을 떠올리자 쌍둥이의 입가에 저절로 미소가 번졌다.

"우리 생일이었는데 아빠가 케이크 마지막 조각을 날름!"

제인은 그날을 생생하게 기억하고 있었다.

케이크 마지막 조각은 결국 이 박사 차지가 되었다. 제인은 혹시라도 남겨 줄까 기대하며 옆에서 쳐다보았다. 하지만 이 박사는 케이크를 단숨에 먹어 치웠다.

"아……! 아빠가 다 먹어 버렸어."

제인이 눈물을 글썽이며 말했다.

"으앙!"

제인이 울음을 터뜨리자 수인도 따라 울기 시작했다.

"울지 마. 아빠가 장난친 거야. 얼른 케이크 사 올게."

아이들 울음에 당황한 이 박사가 부랴부랴 아이들을 달랬다.

"그래, 더 멋진 케이크를 사 올게."

메건 리 박사가 쌍둥이를 다독이고는 방으로 갔다.

수인과 제인은 아빠의 깜짝 생일 이벤트 이야기를 하며 방으로 돌아왔다.

"수인아, 아빠가 편지로 숫자 마술의 비밀을 알려 줬잖아. 난 몇 번을 읽어도 무슨 비밀인지 모르겠던데, 넌 알아?"

"글쎄, 아빠가 알려 주고 싶었던 건, 수에는 마술처럼 보이는 원리가 있다는 거 아닐까? 0과 1로 할 수 있는 게 엄청 많잖아."

"모르겠다, 난. 뭐, 너랑 내가 할 수 있는 게 좀 많긴 하지. 근데 아빠라면 저 문의 비밀번호에도 그런 원리가 담긴 수를 썼을 것 같아."

제인의 말에 수인은 퍼뜩 떠오르는 게 있었다. 그때 자정을 알리는 시계 소리가 들렸다.

"제인아, 아빠의 머릿속에 딩가딩거가 둘이었다고 했잖아. 그럼 개들도 쌍둥이인 거지?"

한참을 생각하던 수인이 입을 열었다. 하지만 침대 위로 몸을 날린 제인은 어느새 베개도 베지 않고 엎드려 코를 골고 있었다. 수인은 대각선으로 잠든 제인 옆에 나란히 누웠다.

"아빠의 세계는 정말 수학으로 가득 차 있어. 아빠의 생각을 우리가 알아낼 수 있을까?"

수인은 꿈속에서 아빠를 만나 물어보고 싶었다.

숫자 마술의 비밀

0과

지금은 대부분의 사람들이 휴대 전화를 가지고 있지만 아빠의 엄마, 그러니까 너희 할머니 영지 씨가 어렸을 때는 전화를 가지고 있는 집도 드물었다는구나. 전에 아빠가 전보에 대해서 이야기한 거 기억나니? 당시에는 누군가에게 급하게 연락할 일이 생기면 우체국에 달려가 전보를 보냈다고 해. 직접 써서 우표를 붙여 보낸 장소에서 받는 장소까지 이동해야 하는 편지와 비교해 전보는 굉장히 빨리 연락을 주고받을 수 있는 수단이었어.

우체국에서는 모스 부호로 된 전보를 받아 수신인에게 짧은 편지로 전해 주었단다. 이렇게 긴 내용의 이야기를 전자 우편으로 원하는 시간에 보내는 지금은 상상하기 어려운 일이지? 아빠는 여전히 글자를 눌러 쓰는 편지가 좋아. 그 시간만큼 너희들을 더 생각할 수 있거든.

가을이 완연한 서울에는 단풍이 한창이겠구나. 이곳 런던의 날씨는 꽤 쌀쌀해졌단다. 하지만 며칠 전에 만난 고얏이 딩거딩거를 위해 창문을 조금 열어 놓기로 했어.

아빠가 일부러 '고양이'를 '고얏이'로

썼는데 '고양이'로 잘 알아봤겠지? 우리는 말과 문장의 숨은 패턴에는 익숙해서 '고얏이'가 의미 없는 단어라는 걸 금세 알아차리고 '고양이'라고 고쳐 읽을 수 있어. 그런데 만약 아빠가 원의 둘레를 지름으로 나눈 원주율을 3.14192……라고 적었다면 수인이와 제인이가 무엇이 틀렸는지 쉽게 알아차릴 수 있었을까? 답은 3.141592……로 소수점 네 번째 자리의 숫자 5가 빠졌다는 걸 말이야.

사람들은 단어나 맞춤법이 틀린 건 쉽게 찾아내지만, 영수증의 가격이나 전화번호와 같이 쉬운 숫자가 틀린 것도 쉽게 알아차리지 못한다고 해. 우리 눈이 숫자보다는 단어에 익숙해서일 거야.

그런데 어렵고 우리 눈에 익숙하지도 않은 숫자는 왜 필요한 걸까? 단어보다 간결하고 그 속에 의미와 규칙을 숨겨 놓을 수 있기 때문이지. 아빠 같은 수학자들은 숫자에 담긴 비밀의 규칙을 찾아내거나 새로운 규칙을 만들어 숫자 속에 숨겨 놓기도 한단다. 그 과정에서 수 자체에 숨어 있던 재미있는 원리를 발견하기도 해.

9는 정말 재미있는 숫자란다. 구구단의 9단을 예로 들면, 9의 배수는 각각의 자릿수를 더하면 언제나 9가 되거든. 아주 큰 숫자여도 모든 자릿수를 계속 더하면 결국 9가 되지.

9×1=09 → 0+9=9
9×2=18 → 1+8=9
9×3=27 → 2+7=9
9×4=36 → 3+6=9
9×5=45 → 4+5=9
9×6=54 → 5+4=9
9×7=63 → 6+3=9
9×8=72 → 7+2=9
9×9=81 → 8+1=9

$9 \times 10 = 90 \to 9 + 0 = 9$

$9 \times 11 = 99 \to 9 + 9 = 18 \to 1 + 8 = 9$

$9 \times 1354834 = 12193506 \to$
$1 + 2 + 1 + 9 + 3 + 5 + 0 + 6 = 27 \to 2 + 7 = 9$

너희 생일에 아빠가 보여 준 숫자 마술 기억하니? 숫자 마술의 비밀도 9에 있어. 아빠가 2에서 9까지 이용해서 열 자릿수를 만들어 보라고 했었지. 제인이가 적은 숫자는 2349876548이었어. 아빠는 각 자릿수를 곱한 큰 수의 자릿수 중 제인이 동그라미 한 숫자 하나를 빼고 알려 달라고 했지. 동그라미 한 숫자를 알아맞힌 마술의 비밀이 바로 9의 배수라는 거야.

$$2 \times 3 \times 4 \times 9 \times 8 \times 7 \times 6 \times 5 \times 4 \times 8 = 1161②160$$

보통 열 개의 숫자를 고른다면 9나 6이나 3을 포함할 확률이 높잖아. 셋 중 하나만 포함된다면 각 자릿수를 곱한 결괏값은 9의 배수가 돼. 이를테면 3이 한 번 나오고 6이 한 번 나와도 3×6=3×3×2=9×2니까 전체는 9의 배수가 되거든. 물론 우연의 일치로 9의 배수를 피해 골랐다면 숫자 마술은 실패로 끝났을 거야. 다행히 제인이 적은 숫자의 곱은 9×1290240=11612160. 9의 배수였어.

앞에서 이야기한 대로 9의 배수는 각 자릿수의 합이 결국 9가 되어야 한다는 걸 적용해 보자. 제인이 알려 주지 않은 숫자를 제외한 나머지 숫자들을 더하

갈릴레오 갈릴레이

우주는 수학의 언어로 쓰인 한 권의 책!

면 1+1+1+1+6+6+0=16이고, 두 자리 1과 6을 더하면 7이니까 모든 자릿수의 합이 9가 되려면 빠진 숫자는 2가 되겠지.

마술이든 부호든 결국 숨은 원리를 알고 있는 사람은 적은 정보에서 많은 사실을 파악할 수 있어. 감춰진 정보를 찾아내는 것도 가능해. 수학을 이용해서 우리가 살고 있는 우주 자체에 숨어 있는 원리를 파악할 수 있다고 믿는 것이 바로 과학적 세계관이란다.

과학적 세계관이 꼭 과학에만 적용되는 건 아니야. 중세의 신학자들은 우주를 하나의 책과 비교하는 세계관을 가지고 있었어. 17세기 과학 혁명을 일으킨 갈릴레오 갈릴레이는 "우주는 수학의 언어로 쓰인 책"이라고 주장하기도 했지. 갈릴레오는 신이 만든 부호의 원리를 알아낸다면 우주를 한 번에 이해할 수 있을 거라고 기대했던 것 같아.

그러고 보면 세상을 이해하는 과정이 일종의 추리라는 것과 또 연결되네. 우주의 일부인 너희를 이해하는 데에도 수학이 필요할까? 언젠가 너희가 아빠에 대해 더 자세히 알고 싶다면 그때는 수학이 필요할 것 같구나.

1에게

제 6화

단서는 바로 쌍둥이

창가로 아침 햇빛이 쏟아져 들어왔다. 또 하루가 지났다. 어제도 이 박사를 찾지 못하고 그냥 흘러갔다.

"후유!"

영지 씨는 창밖을 내다보며 생각에 잠겼다.

딩동! 딩동! 그때 현관 벨이 울렸다.

"해리입니다."

반가운 목소리에 소파에 누워 있던 제인이 벌떡 일어나 문을 열었다. 오스틴 교수는 현관 앞에 서서 가족들과 일일이 눈을 맞추며 인사했다.

"오늘 아침은 우리 집으로 가서 드시죠. 갓 구운 빵과 맛있는 수프, 그리고 김치도 준비했답니다. 거절하지 마시고요."

오스틴 교수의 넉넉하고 따뜻한 미소가 가족들의 아침을 기분 좋게 만들어 주었다.

가족들이 오스틴 교수의 집에 가 보니 식탁에는 이미 풍성한 아침 식사가 차려져 있었다. 아침을 배불리 먹고 나니 오스틴 교수가 후식을 가져오겠다며 자리를 비웠다. 거실을 둘러보던 수인은 탁자로 눈을 돌려 그 위에 잔뜩 쌓여 있는 종이들을 들춰 보았다.

"그게 뭔지 궁금하니?"

쿠키와 차를 든 오스틴 교수가 가족들을 2층 서재로 안내했다.

"여기는 돌아가신 아버지가 쓰던 서재입니다."

넓은 서재 한쪽에는 책상이 보이고 벽면을 따라 놓인 책장에는 수많은 책이 꽂혀 있었다. 벽난로 앞에는 책 읽기 좋아 보이는 1인용 소파도 있었다. 무엇보다 가족들의 눈길을 끄는 것은 한쪽 벽에 가득 걸려 있는 크고 작은 액자들이었다.

"이게 다 뭐예요?"

사진뿐 아니라 설계도 같은 것을 넣은 액자도 있었다. 사진은 대부분 터널에서 찍은 것이었다.

수십 년에 걸쳐 찍은 사진에는 다양한 터널과 지하도의 모습이 담겨 있었다.

"와, 해리 할아버지의 아빠예요?"

제인이 지하도 앞에 세워 둔 멋진 오토바이에 앉아서 설계도를 보고 있는 오스틴 교수의 아버지 사진을 가리키며 물었다.

"그렇단다. 우리 아버지는 1900년대 초 런던 지하철 철도 설계사였어. 자부심이 대단하셨지."

"100년도 전에 철도 설계사가 있었다니 너무 신기해요."

제인이 벽면을 둘러보며 감탄했다.

"지하철 노선을 설계하려면 사용하는 터널과 폐쇄된 터널 등 새로운 정보를 꼼꼼히 파악해야 하거든. 아버지만큼 런던 지하 터널을 잘 아는 사람은 없을 거야."

"그럼 할아버지도 저기 지하 터널에 가 보셨어요?"

수인이 묻자 제인도 궁금한 눈길로 오스틴 교수를 바라보았다.

"아니, 어릴 적엔 늘 그게 불만이었단다. 그 재밌는 곳에 날 한 번도 데려가지 않으셨거든."

"아……!"

쌍둥이는 아쉬움이 잔뜩 묻은 탄식을 동시에 내뱉었다.

"그래도 이렇게 멋진 유산을 남겨 주셨잖아요."

영지 씨의 말에 오스틴 교수는 오래된 철도 설계도들을 엮어 놓은 묶음을 한 장 한 장 넘겨 가며 설명해 주었다.

"오, 이 정도면 정말 소중한 자료 아닌가요? 어쩌면 이렇게 꼼꼼하게 관리하셨는지 놀랍네요."

영지 씨가 설계도를 찬찬히 살펴보며 말했다. 옆에 있던 쌍둥이도 감탄했다.

"이 자료들을 박물관에 기부해서 기록물로 보존하고 전시도 하려고 준비하고 있답니다."

"우아! 정말요? 어쩐지 들어올 때부터 박물관 냄새가 나더라고요."

수인이 말을 하자, 제인이 서재를 둘러보며 허공에다 대고 코를 킁킁거렸다.

"너희 아빠도 이 자료들을 엄청 소중히 생각했어. 우린 가끔 설계도를 따라 지하 터널 탐험을 떠나기도 했단다."

이 박사 얘기가 나오자 제인과 수인은 눈을 반짝이며 오스틴 교수의 말에 귀를 기울였다.

"아빠가 탐험을 좋아했어요?"

"이 박사는 타고난 탐험가란다. 이 박사와 함께 지하 터널을 탐사하면서 나도 아버지에 대한 생각을 바꿀 수 있었단다."

"아빠랑 지하 터널을 다니셨다고요?"

수인이 되묻자 오스틴 교수는 고개를 끄덕였다.

"아빠가 지하 터널에 관해 뭐라고 했는데요?"

수인과 눈빛을 주고받은 제인이 재빨리 질문을 이어 갔다.

"이 도시를 떠받치고 있는 거대한 미로가 수학적으로 아주 멋진 구조를 이루었다고 한 말이 기억나는구나. 이 박사의 말을 듣고서야 아버지가 얼마나 대단한지 깨달았지."

"한 사람이 저 엄청난 일을 책임지고 있었으니 얼마나 힘드셨을까요. 멋진 아버지를 두셨네요, 교수님은."

영지 씨의 말에 오스틴 교수는 눈시울을 붉혔다.

"아버지가 늘 일만 한다고 여겼지, 뭘 하시는지 관심이 없었어요."

수인이 벽에 걸린 설계도를 보면서 '수학적으로 아주 멋진 구조를 이루었다.'라는 아빠의 말을 되뇌었다. 아빠와 비밀 터널은 연결 고리가 있었다. 틀림없이.

그때 누군가 방문을 열며 머리를 불쑥 내밀었다. 잭슨이었다. 서재에 손님들이 있는 걸 보고는 흠칫 놀라며 다시 문을 닫았다.

"잭슨, 어디 가니?"

오스틴 교수가 묻자 닫힌 문 뒤에서 대답이 들려왔다.

"시험 기간이라 오늘 못 들어와요."

발소리와 함께 말소리가 작아졌다.

"낯가림이 심해요. 다 큰 녀석이."

"음악 공부 열심히 하나 봐요."

영지 씨가 묻자 오스틴 교수가 흐뭇하게 웃으며 말했다.

"저 녀석이 로커처럼 하고 다니지만, 사실 컴퓨터 수학 박사 과정을 밟고 있어요."

"수학 박사요?"

수인이 놀라 되물었다.

"음악한다고 학교 그만두겠다던 녀석이 이 박사랑 친해지면서 달라졌단다. 작년에 컴퓨터 수학 박사 과정을 공부하겠다고 하더니 정말 대학원에 들어갔다니까."

"아빠는 음악이야말로 가장 수학적이라고 했어요."

수인의 말에 오스틴 교수는 격하게 고개를 끄덕이며 말했다.

"그렇고말고. 피타고라스도 음악에서 영감을 받아 '모든 것은 수'라고 했다지."

"모든 것은 수다! 근데 정말 잭슨이랑 아빠가 친했어요?"

"난 잘 모르지만 둘만 아는 세계가 있는 거 같더구나."

오스틴 교수는 종종 함께 시간을 보내던 두 사람의 모습을 떠올렸다.

"어, 해리 할아버지, 이 사진!"

벽에 걸린 사진들을 살펴보던 제인이 떨리는 목소리로 교수를 불렀다.

"우리 아빠랑 찍은 거네요."

제인이 오스틴 교수와 이 박사가 함께 찍은 사진이 담긴 조그만 액자를 발견한 것이다.

"그래, 그 사진이 있었구나."

"여긴 어디예요?"

제인이 사진 속 두 사람 뒤의 천사 조각상을 가리키며 물었다.

교수는 가까이 다가가 사진을 들여다보았다.

"음……, 이건 얼마 전 사진인데, 하이게이트 공동묘지에서 찍었구나."

"공동묘지요?"

제인의 눈이 동그래졌다.

"맞아. 그곳에 가면 마음이 편안해져서 아빠랑 가끔 바람 쐬

러 다녀오곤 했지."

"공동묘지인데 마음이 편안해진다고요?"

오스틴 교수의 말을 듣고 다가온 수인이 묘지란 말에 얼굴을 찡그리며 말했다. 교수는 그런 수인이 귀여워 빙그레 웃으며 말했다.

"여기는 좀 특별한 공동묘지거든."

"이 천사상은 뭐예요?"

제인이 물었다.

"죽은 사람을 천국으로 인도하는 천사란다. 묘지에 가면 흔히 볼 수 있는 수호상이지."

그 말을 듣고 제인은 생각에 잠겼다. 분명 기억의 나무 언덕에서 봤던 그 천사상이었다. 아빠의 머릿속 세상 입구에 우뚝 서 있던 그 천사상이 그저 흔한 수호상이라고? 그럴 리 없었다. 제인은 당장 천사상을 두 눈으로 확인하고 싶었다.

"할아버지, 거기에 저희도 가 보고 싶어요."

"공동묘지에 우리가 왜?"

수인이 입만 벙긋거려 제인에게 물었다.

"천사 만나러!"

제인이 사진 속 천사상을 가리켰다.

"천사가 아니라 유령이겠지."

수인이 혼자 중얼거렸다.

"그래, 너희가 원한다면 언제라도 나는 좋단다."

오스틴 교수는 기꺼이 허락했다.

"그럼 지금 당장 가요!"

제인이 오스틴 교수의 팔을 잡아끌었다. 수인은 제인이 무슨 생각이 있어서 보챈다는 걸 금세 알아차렸다. 그래서 냉큼 오스틴 교수의 다른 팔을 잡았다.

쌍둥이의 적극적인 행동에 영지 씨는 당황했지만, 교수는 흔쾌히 오케이 사인을 보냈다.

오후에는 연구소에 가야 해서 서둘러 다녀와야 했다.

가족들은 오스틴 교수의 차를 타고 하이게이트 공동묘지로 향했다. 맑았던 하늘에 갑자기 구름이 끼더니 어느새 부슬부슬 비가 내리기 시작했다. 공동묘지를 찾아가기에 걸맞은 어둑하고 으스스한 날씨였다.

"후유!"

가족들은 숨을 깊이 들이마셨다. 잔뜩 긴장된 몸에 신선한 공기가 돌자 오랜만에 여유로운 미소가 떠올랐다.

제인과 수인이 앞서 달려 나가자 해리 교수가 영지 씨에게 조심스럽게 속삭였다.

"여기 올 때 검은 차가 우릴 따라왔어요."

영지 씨의 눈이 커다래졌다.

"영지 씨, 너무 긴장하지는 마세요."

말은 그렇게 하면서도 오스틴 교수의 손이 살짝 떨리고 있었다. 잠시 생각에 잠긴 영지 씨는 무언가 알아낸 듯 말했다.

"아마 그 차는 우리를 보호하려고 따라왔을 거예요. 첸 박사가 특별히 부탁해서 집 주변에 사람을 배치해 줬거든요."

"앗, 그랬군요. 어쩌죠? 그런 줄 알았다면 따돌리지 않았을 텐데. 허허허."

오스틴 교수가 머리를 긁적였다.

"아니에요. 사실 우리를 보호하는 건지 감시하는 건지 저도 헷갈려요."

"얼른 오세요! 해리 할아버지, 이쪽 길 맞죠?"

앞서가던 제인이 손을 흔들었다. 오스틴 교수와 영지 씨는 걸음을 재촉해 공동묘지 입구로 들어섰다.

공동묘지는 무섭다는 느낌보다 신비로운 분위기에 가까웠다. 제인은 마치 전에 와 봤던 것처럼 비석 사이로 난 좁고 어둑한 길을 성큼성큼 걸어갔다. 그리고 마침내 쌍둥이 눈앞에 사진 속 천사상이 나타났다.

"어떻게 한 번에 찾았어? 너 여기 와 봤어?"

수인이 물었다.

"이 박사는 이 묘비에 특별한 게 있다고 했어."

오스틴 교수가 말했다.

"기억났어요. 아빠가 편지에서 비석에 멋진 문장이 쓰여 있다고 했는데, 혹시 이거예요?"

수인이 가까이 다가가 비석에 적힌 글을 읽어 내려갔다.

"그래, 맞아. 여기 '은빛 물줄기'라고 적혀 있잖아. 그건 바로 수학자와 소설가 두 사람이 힘을 합쳐 세상을 변화시킨다는 뜻이란다."

교수의 설명이 쌍둥이에게 남다른 의미로 느껴졌다.

"이 세상에는 클리퍼드 부부 말고도 훨씬 많은 은빛 물줄기가 있을 거야. 우리 주변에도 있지 않을까?"

이어지는 교수의 질문에 아이들은 잠시 생각에 빠졌다.

"우리 엄마와 아빠?"

"그렇지. 이 박사와 메건 리 박사 같은 사람도 있고, 꼭 사람이 아니라 해와 달, 바람과 비, 빛과 소리, 그리고 또 수학과 과학……. 아, 언제였더라? 이 박사가 0과 1이 세상을 변화시킨다는 얘기도 했었다."

"0과 1이요? 반도체 숫자를 뜻하는 걸까요?"

수인이 묻자 영지 씨가 미소를 지으면서 쌍둥이를 번갈아 보며 말했다.

"아니면, 너희를 말하는 걸지도."

"우리요?"

"그래, 0과 1. 너희가 힘을 합치면 멋진 일이 생길 거야."

영지 씨 말에 제인과 수인은 서로를 바라보다가 킥킥 똑 닮은 웃음을 터뜨렸다.

"그래서 이 박사가 저 비문을 보면 쌍둥이가 생각난다고 했었구나."

오스틴 교수의 말에 수인이 묘비를 다시 한번 자세히 들여다보았다.

William Kingdon Clifford
1845~1879

뭔가 찾아낸 듯 수인의 눈이 반짝였다.

딩가딩거가 집으로 돌아온 가족을 반겼다. 평소와 다르게 영지 씨와 쌍둥이의 발목에 일일이 얼굴을 비비며 갸르릉 소리를 냈다. 그리고는 창가로 뛰어올라 자리를 잡더니 몸단장을 시작했다. 딩가딩거는 쏟아지는 따뜻한 햇살을 오랜만에 담뿍 받으며 혀로 털을 정리해 나갔다. 뒷다리를 들고서 발가락을 쫙 펼쳐 발톱도 뜯었다.

수인은 집에 들어오자마자 2층으로 뛰어 올라가 아빠의 편지가 든 상자를 꺼냈다. 편지들을 살펴보던 수인이 팔을 번쩍 들며 소리쳤다.

"찾았다!"

수인이 편지를 흔들며 확신에 찬 미소를 짓자 제인이 말했다.
"비밀번호를 알아냈구나!"
"아마도!"

이 박사가 클리퍼드의 묘비를 보며 수인과 제인을 떠올렸던 건 바로 '쌍둥이 소수' 때문이었다. 쌍둥이 소수는 3과 5, 5와 7, 11과 13처럼 연속되는 두 개의 소수의 차가 2인 소수의 쌍을 뜻한다. 이 박사는 아이들과 암호 놀이를 할 때면 쌍둥이 소수를 우리만 아는 특별한 수라고 불렀다. 아빠는 이 소수에는 아직 풀지 못한 수학적 비밀이 담겨 있다고 했다.

"꼭 수인이와 제인이처럼 말이야."

수인은 아빠가 편지 마지막에 쓴 문장을 읽어 주었다.

쌍둥이 소수에 숨겨진 이야기

0과

  런던 전역에 가을이 왔구나. 오늘은 시간을 내서 런던 북부에 위치한 햄스테드와 하이게이트 거리를 걸었어. 어렵고 복잡한 문제를 해결해야 할 때, 이렇게 별 목적 없이 거리를 걷다 보면 도움이 될 만한 생각이 떠오르곤 하거든.

  한참 거리를 걷다 보니 오스트리아 시인 라이너 마리아 릴케의 시 〈가을날〉이 생각났단다. 길을 헤매던 릴케는 이 시를 쓸 당시에 파리에서 조각가 로댕의 조수로 일하고 있었다고 해. 릴케의 시는 대부분 어렵고 '형이상학적'이야. 형이상학이라는 말 자체가 어렵지? 형이상학은 겉으로 보이는 현실 뒤에 깔린 근본 원리를 탐구하는 학문이야.

가을날

주여, 시간이 됐습니다. 여름은 굉장했습니다.
해시계에 당신의 그림자를 드리우고
들판에 바람을 풀어놓으소서.

마지막 열매들이 풍성하도록 명하고
남녘에서 온 날씨를 이틀 더 주어
완성된 그 달콤함을
진한 술맛에 담그소서.

지금 집이 없는 사람은 지을 시간이 없고
지금 혼자인 사람은 오래 고독할 것입니다.
그는 책을 읽고 긴 편지를 쓰다가 늦게 잠들고
낙엽이 이리저리 뒹굴며 다니는 시간에
쉬지 못하고 길거리를 헤맬 것입니다.

어떻게 보면 형이상학적인 릴케의 시는 수학과 맞닿아 있다고 할 수 있어. 수학에서 다루는 '원'이 그렇지. 반지름이 1인 원은 중심에서 거리가 딱 1인 모든 점들을 모아 놓은 거야. 그런데 현실 세계에 그런 것이 있을까? 물론 연필과 컴퍼스로 원에 아주 가까운 모양을 그릴 수도 있고, 정밀한 가공술로 철판을 잘라 원판을 만들 수도 있겠지. 하지만 아무리 노력해도 흠이 약간은 남거든. 그래

서 수학적인 원을 '형이상학적인 물체' 또는 '이상적인 물체'라고 해. '수도 마찬가지야. 우리 곁에 있긴 하지만 물질로 만들어진 건 아니잖아. 셀 수는 있지만 만질 수는 없지.

햄스테드 중앙에는 풀과 나무가 가득한 공원이 있는데, 이곳에 오면 시인 존 키츠 등 역사적 인물들과 만날 수 있어. 하이게이트는 공동묘지이지만 도시 중심에 있는 자연 보호 지역이기도 해. 묘비들 사이로 새와 나비, 들쥐와 여우의 모습을 쉽게 찾아볼 수 있는 평화로운 곳이지.

이곳에는 굉장한 명사들이 잠들어 있어. 그중에는 현대 역사에 가장 큰 영향을 끼친 공산주의 이론의 창시자 카를 마르크스도 있단다. 그의 묘비에는 관광객이 끊이질 않아. 하지만 아빠가 꼭 들르는 곳은 수학자 윌리엄 킹던 클리퍼드와 그의 아내 루시가 함께 누워 있는 곳이야. 복잡하게 늘어선 묘비들 사이에서 종종 길을 헤매곤 하지만 그곳에 가면 정말 멋진 비문을 읽을 수 있단다.

이토록 찬란한 은빛 물줄기들은 합쳐지면서 주위 강변까지 빛낸다.

수학자 클리퍼드의 묘비에서 그가 죽은 해인 1879년이라는 글씨를 볼 때마다 아빠는 너희를 떠올린단다. 1879는 1877과 쌍둥이 소수거든. 우리 모두 한때 시간을 따라 흐르면서 합쳐지기도 하고 갈라지기도 하다가 결국 흩어져 버리는 물줄기 같다는 묘비의 글이 참 심오한 것 같아.

집으로 돌아오는 길에 카페에 들러 차를 마시면서 이 편지를 쓰기 시작했어. 시인 릴케는 누가 보고 싶어서 밤늦도록 긴 편지를 썼을까? 아마도 그 시구는 어떤 '이상적인 그리움'을 표현하는 거겠지. 그렇지만 아빠의 그리움은 아주 구체적이야. 아빠가 지금 당장 달려가서 보고 싶은 사람이 누구인지 너희는 알고 있겠지?

1에게

만든 사람들

기획 김민형 영국 에든버러 국제수리과학연구소장이자 에든버러대학교 수리과학 석학 교수이며, 한국고등과학원 석학 교수입니다. 한국인 최초로 옥스퍼드대학교에서 수학과 교수를, 워릭대학교에서 세계 최초로 '수학 대중화' 석좌 교수를 지냈습니다.

글 김태호 동화 〈기다려!〉로 제5회 창비어린이 신인문학상을 받으며 작품 활동을 시작했습니다. 동화책 《네모 돼지》 《제후의 선택》 《신호등 특공대》 등을 썼고, 그림책 《아빠 놀이터》 《엉덩이 학교》 《섬이 된 거인》을 쓰고 그렸습니다.

그림 홍승우 홍익대학교 시각디자인과를 졸업하고, 가족의 일상을 따뜻한 시선으로 그린 만화 《비빔툰》으로 만화 활동을 시작했습니다. 어려워 보이는 과학을 쉽고 재미있는 만화로 전달하는 것을 좋아한답니다. 그린 책으로 《올드》 〈초등학생을 위한 양자역학〉(전 5권) 〈수학영웅 피코〉(1, 2권) 〈빅뱅스쿨〉(전 9권) 등이 있습니다.

기획 고래방(최지은) 과학 동화 시리즈 《별이 된 라이카》 《생쥐들의 뉴턴 사수 작전》 《외계인, 에어로 비행기를 만들다!》와 어린이를 위한 SF 《끼익끼익의 아주 중대한 임무》, 청소년을 위한 〈빅히스토리〉(전 20권) 등 60여 권을 기획했습니다.

기획 김명철 서울대학교 심리학 박사로, 어려서부터 과학적 상상력이 담긴 SF에 빠져 다양한 콘텐츠를 읽고 보았습니다. 〈SF 읽어주는 심리학자〉 칼럼을 연재했으며, 지은 책으로 《다를수록 좋다》 《지구를 위하는 마음》 등이 있습니다.

콘셉트 아트 박지윤 캘리포니아예술대학 졸업 후 픽사 스튜디오에서 〈온워드〉 〈엘리멘탈〉 등의 애니메이션 캐릭터 디자인과 콘티 작업을 했습니다. 현재는 핑크퐁 등 국내 스튜디오와 함께 영화 스토리보드를 그리고 있습니다.

콘셉트 아트 강푸름 한국예술종합대학에서 무대미술을 전공하고 연극 〈그리멘토〉 〈연안지대〉 등에서 소품, 조명, 공간 디자인 작업을 해 왔습니다. 수학을 예술적 이미지로 구현한다는 점이 흥미로워서 이 프로젝트에 참여했습니다.

김민형 교수의
수학 추리 탐험대
2. 수와 세상: 아빠의 뇌에 접속하라

초판 1쇄 2024년 7월 25일
초판 3쇄 2024년 9월 10일

기획 김민형, 고래방   글 김태호   그림 홍승우
펴낸이 문태진   본부장 서금선
책임편집 이은지   편집 한지연   디자인 씨오디

마케팅팀 김동준, 이재성, 박병국, 문무현, 김윤희, 김은지, 이지현, 조용환, 전지혜
디자인팀 김현철, 손성규   저작권팀 정선주
경영지원팀 노강희, 윤현성, 정헌준, 조샘, 이지연, 조희연, 김기현
펴낸곳 ㈜인플루엔셜   출판신고 2012년 5월 18일 제300-2012-1043호
주소 (06619) 서울특별시 서초구 서초대로 398 Bnk디지털타워 11층
전화 02-720-1034(기획편집) | 02-720-1024(마케팅)   팩스 02-720-1043
전자우편 books@flinfluential.co.kr   홈페이지 www.flinfluential.co.kr

© 김민형, 홍승우, 고래방 2024

ISBN 979-11-6834-212-5 74410
      979-11-6834-210-1 (세트)

* 이 책은 저작권법에 따라 보호받는 저작물이므로 무단 전재와 무단 복제를 금하며, 이 책 내용의 전부 또는 일부를 이용하려면 반드시 저작권자와 ㈜인플루엔셜의 서면 동의를 받아야 합니다.
* 잘못된 책은 구입처에서 바꿔 드립니다.   * 책값은 뒤표지에 있습니다.
* 북스그라운드는 ㈜인플루엔셜의 어린이책 브랜드입니다.
* 북스그라운드는 어린이들이 마음껏 상상하며 성장할 수 있는 토대를 만들고자 합니다.
* 참신한 원고가 있으신 분은 연락처와 함께 letter@influential.co.kr로 보내 주세요.

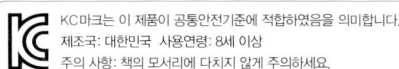

KC마크는 이 제품이 공통안전기준에 적합하였음을 의미합니다.
제조국: 대한민국   사용연령: 8세 이상
주의 사항: 책의 모서리에 다치지 않게 주의하세요.